아프지 않은
사람은 —— 없다

아프지 않은
사람은 ── 없다

초판 1쇄 발행 2025. 8. 27.

지은이 이의석
펴낸이 김병호
펴낸곳 주식회사 바른북스

편집진행 황금주
디자인 최다빈
마케팅 송송이 박수진 박하연

등록 2019년 4월 3일 제2019-000040호
주소 서울시 성동구 연무장5길 9-16, 301호 (성수동2가, 블루스톤타워)
대표전화 070-7857-9719 | **경영지원** 02-3409-9719 | **팩스** 070-7610-9820

•바른북스는 여러분의 다양한 아이디어와 원고 투고를 설레는 마음으로 기다리고 있습니다.
이메일 barunbooks21@naver.com | **원고투고** barunbooks21@naver.com
홈페이지 www.barunbooks.com | **공식 블로그** blog.naver.com/barunbooks7
공식 포스트 post.naver.com/barunbooks7 | **페이스북** facebook.com/barunbooks7

ⓒ 이의석, 2025
ISBN 979-11-7263-548-0 03810

•파본이나 잘못된 책은 구입하신 곳에서 교환해드립니다.
•이 책은 저작권법에 따라 보호를 받는 저작물이므로 무단전재 및 복제를 금지하며,
이 책 내용의 전부 및 일부를 이용하려면 반드시 저작권자와 도서출판 바른북스의 서면동의를 받아야 합니다.

아프지 않은
사람은 ―― 없다

진료실 밖에서 나누고 싶은 진솔 담백 에세이

이 책은 '괜찮다'라는 말로 덮어둔
당신의 마음을 향한 위로입니다.

바른북스

프롤로그

"선생님, 저는 왜 이렇게 힘들까요?"

진료실 문을 열고 들어서는 많은 분들이 비슷한 질문을 건네곤 합니다. 삶이라는 여정에서 예기치 못한 마음의 고장 신호를 만났을 때, 우리는 당황스럽고 때로는 막막하기까지 하죠. 마치 최신형 스마트폰을 샀는데 사용법을 몰라 헤매는 것처럼, 내 마음인데도 내 마음대로 안 되는 순간들이 찾아오곤 합니다. 그럴 때면 다들 비슷한 표정입니다. 불안과 피로가 뒤섞인, 어딘가 길을 잃은 듯한 눈빛.

정신건강의학과 의사로서 저는 매일 다양한 마음의 풍경을 마주합니다. 때로는 폭풍우가 몰아치는 바다 같기도 하고, 때로는 잔잔하지만 깊이를 알 수 없는 호수 같기도 하죠. 그 속에서 길을 잃고 헤매는 분들의 이야기에 귀 기울이는 것은, 마치 복잡하게 얽힌 실타래의 첫 매듭을 찾아가는 과정과 비슷합니다. 가끔은 엉킨 이어폰 줄보다 더 풀기 어려워 보일 때도 있지만, 한 올 한 올 조심스럽게 풀어내다 보면 어느새 마음의 지도가 조금씩 선명해지는 순간을 만나게 됩니다. 이 여정은 저에게도 늘 새로운 발견과 배움의 연속입니다. 저 역시 함께 마음의 근육을 키워나가는 동반자이니까요.

  이 책은 바로 그 마음의 여정에서 건져 올린, 일종의 '마음 사용 설명서' 같은 이야기들을 담았습니다. 때로는 정신과 의사로서의 전문적인 시각으로 마음의 작동 원리를 설명하기도 하고, 때로는 그저 한 사람으로서 느끼는 솔직한 감정과 경험들을 나누기도 할 겁니다. 딱딱한 이론보다는, 옆집 형이나 선배가 들려주는 이야기처럼 편안하게 다가가고 싶었습니다. 제 글이 지친 마음에 작은 위로가 되고, 복잡한 삶의 실타래를 푸는 데 미약하나마 도움이 되기를 소망합니다. 어쩌면 이 책 속에서 자신의 이야기를, 혹은 여러분 곁의 누군가의 이야기를 발견할지도 모릅니다. 그 발견이 따뜻한 공감과 이해로 이어져, 결국에는 여러분의 마음을 돌보는 소중한 시작이 되기를 진심으로 바랍니다.

목차 프롤로그

1부
정신과 의사의 고백: 저도 때론 흔들립니다

의사 가운 뒤에 숨겨진 나의 마음 … 12
정신과 의사, 그 특별함과 평범함의 경계에서 … 16
정신과 의사는 정말 힘들지 않을까? … 22
나의 오랜 친구, ADHD와의 작별 … 28

2부
마음에도 휴식이 필요해요

가끔은 모든 것을 멈추고, 카페로 … 36
책 속에 길이 있다 … 40
내 마음속의 크리스마스를 찾아서 … 46
지친 마음이 머무는 작은 여행 … 50
오늘을 산다는 것, 내 마음의 쉼표를 찍는 시간 … 55

삶의 지혜를 찾아서

나이의 무게만큼 깊어지는 것들	64
나만의 속도로 살아가는 용기	69
불확실함 속에서 길을 잃지 않기 위해	74
일상의 평범함이 주는 위대한 선물	80

함께 살아가는 세상, 그 안의 우리

마음의 빈 공간을 채워준 작은 생명, 마틴이	88
짬타이거 마틴이, 애착을 주는 귀한 존재	93
낯선 길목에서의 설렘과 마음의 지도를 넓히는 탐험의 가치	97
넘어진 자리마다 피어나는 꽃: 에어비앤비 도전기	102
잦은 이사와 전학, 그 시절 나의 생존기	110
내 학창 시절의 추억 한 페이지, 베트남	118

마음의 병, 함께 이겨낼 수 있어요

어느 날 갑자기, 공황이라는 불청객	126
나는 내 삶의 주인인가, 손님인가?	135
마음의 방파제를 쌓는 여정	140
새해 버킷리스트: 내 마음이 그린 꿈의 지도	148
1등이지만 뒤에서: 대한민국 마음 보고서	156
교사의 눈물: 교단 위에 드리운 그림자	162

마음의 풍경, 그 다채로운 빛깔들

진료실 거울에 비친 내 모습 170
마음에도 응급처치가 필요할 때: 트라우마, 그리고 애도의 과정 173
괜찮아, 네 잘못이 아니야: 죄책감이라는 무거운 짐을 내려놓는 법 177
관계의 온도: 우리는 왜 사랑하면서도 상처를 주고받을까 181
디지털 세상 속 외로운 섬: 연결될수록 고립되는 우리들의 마음 186
번아웃, 잠시 멈춤이 필요한 당신에게: 마음의 방전과 재충전의 기술 190
나를 찾아가는 여정: 불완전하기에 아름다운 우리들의 삶 194

에필로그: 마음의 정원을 함께 가꾸며

1부

정신과 의사의 고백:
저도 때론 흔들립니다

의사 가운 뒤에
숨겨진 나의 마음

 가끔 진료실 밖, 일상의 공간에서 저의 지인이 정신과 의사는 어디다 속풀이를 하냐며 건네는 걱정 어린 물음에 멋쩍은 웃음을 지을 때가 있습니다. 어쩌면 어린아이처럼 솔직한 감정을 드러내고 싶을 때, 혹은 차마 꺼내지 못한 말들이 마음속에 켜켜이 쌓여 홀로 끙끙 앓을 때면, '정말이지, 가운 뒤에 숨겨진 내 마음은 어쩔 수 없나 보다' 하는 생각에 피식 웃음이 나곤 합니다.
 어느덧 정신과 의사라는 이름으로 마음의 풍경들을 마주한 지 10년이 훌쩍 넘었습니다. 진료실 안에서 저는 능숙하게 안정을 찾으려 애쓰며, 찾아오시는 분들의 이야기에 귀 기울이고, 그 아픔에 깊이 공감하며 삶의 무게를 조금이나마 나누어 지려 노력합니다. 어떻게 하면 이분들의 마음에 따뜻한 햇살 한 줌이라도 비춰드릴 수 있을까, 늘 진지하게 고민하며 제가 가진 의학적 지식과 경험을 조심스럽게 꺼내놓곤 하죠.

하지만 이런 제 모습이 때로는 스스로도 낯설게 느껴질 때가 있습니다. 특히 저 자신이 힘겨운 순간을 마주할 때나, 인간관계에서 예상치 못한 어려움에 부딪힐 때, 정성껏 세웠던 계획이 어그러질 때, 혹은 가장 가까운 가족들과의 사이에서 작은 파도가 일렁일 때 말입니다. 때로는 특별한 이유 없이 마음이 한없이 가라앉고 아무것도 하고 싶지 않은 무기력감에 휩싸일 때도 있습니다. 그럴 때면 신기하게도, 정작 제 자신에게 건네줄 따뜻한 위로나 현명한 조언은 쉽게 떠오르지 않습니다. 마치 등잔 밑이 어둡다는 말처럼 말이죠.

정신과 면담에는 '전이(transference)'와 '역전이(counter-transference)'라는 중요한 개념이 있습니다. 쉽게 설명하자면, '전이'는 상담을 받으러 오신 분이 과거의 중요한 관계, 예를 들어 부모님과의 관계에서 느꼈던 감정이나 생각의 패턴을 현재의 치료자, 즉 정신과 의사로부터 무의식적으로 다시 경험하는 현상을 말합니다. 반대로 '역전이'는 치료자가 상담 과정에서 자신의 과거 경험이나 감정을 느끼며 반응하는 것을 의미하죠. 이러한 이유로 가까운 가족이나 지인의 심리 상담이나 치료는 하지 않는 것을 원칙으로 합니다. 서로의 관계가 이미 형성되어 있어 객관적인 시각을 유지하기 어렵고, 상담을 받는 사람 또한 의사에게 모든 것을 솔직하게 털어놓기보다 방어적인 태도를 취하기 쉽기 때문입니다.

어쩌면 아이러니하게도, 저 역시 가장 가깝고 사랑하는 가족들 앞에서는 정신과 의사로서의 모습과는 전혀 다른, 평범한 한 사람의 모습을 보일 때가 있습니다. 치료자로서가 아닌, 한 명의 가족 구성원으로서 말이죠. 가장 아끼고 보듬어야 할 사람들에게 오히려 서툰 표현으로 상처를 주거나 무심한 태도를 보일 때면, 마음 한구석이 아려오곤 합니다. 그럴 때면, 앞서 지인이 건넸던 그 걱정 어린 물음이 귓가에 맴돌곤 합니다. 가슴 아프지만, 어쩌면 저 자신을 돌아보게 하는 소중한 질문일지도 모르겠습니다.

누구나 일상에서 느끼는 좌절감이나 우울한 감정에서 완벽하게 자유로울 수는 없습니다. 때로는 모든 것을 잠시 내려놓고 어디론가 훌쩍 떠나고 싶은 마음이 간절해지기도 합니다. 사람은 누구나 완벽하지 않고, 또 완벽할 수도 없다는 사실을 알면서도 말이죠. 그저 마음의 힘을 키우기 위해 오늘도 한 줄의 글을 더 읽고, 한 사람의 마음을 더 깊이 이해하려 노력하며, 조금 더 단단하고 지혜로운 의사가 되기 위해 부단히 애쓸 뿐입니다. 어쩌면 이러한 노력 자체가 저 자신을 위한 소중한 치유의 과정일지도 모르겠습니다.

정신과 의사,
그 특별함과
평범함의 경계에서

  혹시 주변에 정신과 의사라는 직업을 가진 사람이 있다면, 어떤 이미지가 떠오르시나요? 모든 것을 꿰뚫어 볼 것 같고, 늘 잔잔한 호수처럼 평온하며, 어떤 상황에서도 흔들리지 않을 것 같은 모습인가요?

  의과대학 시절, 저는 '어느 과'의 의사가 될 것인가 하는 현실적인 고민보다 '어떤 의사'가 되어야 할까 하는 조금은 이상적인 고민에 더 많은 시간을 보냈던 것 같습니다. 스무 살 초중반의 열정 가득했던 저는, 단순히 특정 분야의 전문 지식을 쌓는 것보다 의사로서 따뜻한 마음과 깊은 사명감을 갖는 것이 훨씬 중요하다고 믿었습니다. 물론, 그런 드

높은 이상과는 달리 의대 성적은 그저 평범한 수준이었지만요.

한 학기에 30학점이 넘는 빽빽한 수업과 끝없이 밀려오는 시험의 파도를 헤쳐나가 대학교 5학년(본과 3학년)이 되면, 학생들은 각 과를 돌며 이론으로만 배웠던 의학을 실제 현장에서 경험하는 실습, 이른바 '폴리클(PK)' 과정을 거치게 됩니다. 1년 동안 교수님들의 회진을 그림자처럼 따라다니고, 선배 의사들이 환자를 진료하는 모습을 어깨너머로 배우며, 논문과 케이스 발표를 통해 실제적인 의료 지식을 쌓아가는 시기입니다. 저 역시 이 과정을 통해 막연하게만 느껴졌던 각 과의 진짜 모습을 조금이나마 피부로 느끼며, 미래의 전문의로서 제 모습을 그려볼 수 있었습니다.

정신과 실습을 처음 나가던 날, 어린 마음에 걱정과 두려움이 교차했습니다. 대학병원 정신과 병동에는 아무래도 증상이 심한 환자분들이 많다는 이야기를 익히 들었기 때문입니다. 하지만 막상 실습을 시작하며 제가 느낀 것은, 오히려 다른 과 병동보다 더 온화하고 정돈된 분위기였습니다. (물론 병원 특유의 차분하고 조용한 공기는 어쩔 수 없었지만요.) 환자분들도 예상외로 부드러운 미소로 저희를 편안하게 맞아주셨습니다.

물론, 때로는 당황스러운 순간도 있었습니다. 망상과 환청으로 인해 입원 중이던 한 환자분께서 저를 과거에 알던 사람으로 생각하시고, 과도한 관심과 함께 편지와 작은 선물을 건네시는 일이 있었습니다. (당시 정신과적 지식이 아직 부족했던 저로서는 조금 놀랍고 당황스러웠던 기억입니다.) 다행히 당시 주치의였던 선배 의사 선생님께 상황을 말씀드리고 잘 마무리되었지만, 막연한 호기심을 가지고 있던 정신건강의학과에 대한 생각이 조금 더 깊어지는 순간이기도 했습니다.

만약 그 기억이 전부였다면, 어쩌면 지금의 저는 다른 전공을 선택한 의사가 되었을지도 모릅니다. 하지만 의사 국가고시를 준비하던 본과 4학년 시절, 저는 정신의학이 가진 다채롭고 깊이 있는 매력에 다시 한번 빠져들게 되었습니다. 20대의 저를 아는 사람이라면, 제가 '공부에 재미를 느꼈다'는 말 자체에 웃음을 터뜨릴지도 모르겠습니다. 하지만 정말로, 저는 정신의학이라는 학문 그 자체에 매료되었습니다. 수업 시간에 한 교수님께서 "정신과에서 약물을 사용하는 것은 하나의 예술과 같다."고 표현하신 적이 있는데, 공부를 하면 할수록 그 말이 실감 났습니다. 환자의 복잡 미묘한 증상과 진단에 따라 약물의 종류와 용량을 섬세하게 조절하여 뇌의 신경전달물질과 수용체의 작용을 미세하게 변화시키는 과정이 정말이지 섬세한 예술처럼 느껴졌습니다. 그렇게 학문적인 호기심에 이끌려 인턴 생활을 거쳐, 마침내 정신건강의학과 레지던트 1년 차가 되었습니다.

다섯 평 남짓한 의국. 동네 작은 독서실처럼 양쪽 벽면에는 각자의 책상과 의자가 놓여 있었고, 그 사이에는 서너 명이 겨우 둘러앉을 수 있는 베이지색 둥근 테이블이 전부였습니다. 누군가 테이블 옆을 지나가려면 책상 앞에 앉은 사람은 의자를 바짝 당겨야만 부딪히지 않을 정도로 아담한 공간이었죠. 그곳에서 저를 포함한 여덟 명의 의국원들은 각자의 역할을 수행하며 치열한 하루하루를 보냈습니다. 그들의 책장에는 빼곡히 꽂힌 각종 정신과 교과서와 전문 서적, 논문들이 각자의 스타일대로 정리되어 있었는데, 그 모습을 보고 있노라면 저도 모르게 알 수 없는 무게감과 함께 마음이 숙연해지곤 했습니다. 그때의 저는, 그곳에서 가장 어리고 아직은 모든 것이 서툰, 그저 햇병아리 정신건강의학과 레지던트 1년 차였으니까요.

"여기 계신 분들이 모두 정신과 의사라는 걸 잊지 마세요. 겉으로는 평범해 보이지만, 선생님들 행동 하나하나 다 의미를 두고 지켜보고 있을지도 몰라요. 그게 자연스럽게 그렇게 되거든요. 그러니까 평소에 몸가짐을 바르게 하는 게 좋을 거예요."

정신건강의학과 의국에 첫발을 내디딘 지 얼마 되지 않아, 옆 병원에서 파견 온 2년 차 선배가 제게 넌지시 건넨 말이었습니다. 당시 저는 두 달 가까이 병원 밖을 나가지 못한 채 병원에서 먹고 자며 생활하던 때였습니다. 아마 저희를 위해 해준 조언이었겠지만, 솔직히 '정말 정신과 선배들은 우리의 행동을 그렇게 세세하게 분석하고 있을까? 조금 무서운데?' 하는 생각이 들었습니다. 심지어 그 말을 한 선배는 실제로 사람의 마음을 꿰뚫어 보는듯한 날카로운 통찰력을 가진 분처럼 보였기에, 그 말은 더욱 의미심장하게 다가왔습니다.

꽤 많은 시간이 흐른 지금 돌이켜 보면, 그 시절 그 선배는 어쩌면 저희에게 긴장감을 주기 위해 농담을 건넨 것이 아니었을까 싶기도 합니다. 그때로부터 오랜 시간이 지난 지금까지, 저는 단 한 번도 평소에 사람들을 일일이 분석하며 지낸 적이 없기 때문입니다. (그 대상이 바로 밑에서 가르쳐야 하는 후배 의사일지라도 말입니다.) 또한 제 주변의 동료 정신과 의사들을 보아도, 일상생활에서까지 그렇게 에너지를 쏟으며 타인을 분석하는 사람은 본 적이 없습니다. 분석과 진정한 공감에는 상당한 에너지와 집중이 필요합니다. 물론 어려서부터 타인의 감정을 잘 읽고 공감하는 능력이 뛰어난 사람도 있겠지만, 대부분의 경우 공감은 '정신화(mentalization)'라는, 충분한 훈련과 깊은 성찰이 필요한 과정을 통해 피어나는 것입니다. 전공의 수련 과정에는 바로 이러한 공감 능력을 키우는 훈련이 포함됩니다. 환자들의 고되고 힘겨운 삶에 진심으로 공감하고, 그들을 온전히 이해하기 위한 노력은 평생에 걸쳐 새겨야 할 의사의 사명이라고 생각합니다. 결코 쉬운 길이 아니기에, 더욱 조심스럽고 겸허한 마음으로 배워나가야 하는 과정이 바로 '공감'인 것입니다.

그러니 혹시 주변에 정신과 의사가 있더라도, 너무 깊은 오해는 하지 않으셨으면 좋겠습니다. 저 또한 그저 모두와 같은, 때로는 서툴고 때로는 부족하지만, 함께 살아가며 서로를 이해하려 노력하는 한 사람일 뿐이니까요.

정신과 의사는
정말 힘들지 않을까요?

얼마 전, 한 여성 환자분의 진료를 마무리할 무렵, 이런 대화를 나누게 되었습니다.

"선생님, 혹시 더 궁금하신 점은 없으실까요?"

"아, 저… 한 가지만 더 여쭤봐도 될까요? 그냥… 정말 개인적으로 궁금해서요."

"네, 그럼요. 어떤 것이든 편하게 물어보세요."

"저는 친한 친구들이나 지인들이 저한테 힘든 이야기를 많이 털어놓는 편인데, 그럴 때마다 감정이 너무 같이 흔들려서 힘들더라고요. 같이 눈물이 날 때도 있고, 어떤 날은 너무 지쳐서 아무것도 하기 싫을 때도 있었어요. 선생님도 혹시 그러시지 않을까… 문득 궁금해졌어요."

그 순간, 마음 한구석이 왠지 모르게 찡해지면서 따뜻한 위로를 받는듯한 느낌이 들었습니다. 그날 진료의 마지막 환자분이어서 그랬을까요? 사실 비슷한 질문은 가까운 지인들에게도 종종 듣는 편입니다. 하지만 그날따라 유독 피로감이 몰려와 면역력이 떨어진 듯 몸 여기저기서 이상 신호를 보내오던 터라, 저도 모르게 조금 더 지쳐 있었나 봅니다.

'혹시 내가 너무 지쳐 보여서 저런 질문을 하신 걸까?'

'내 피곤한 기색 때문에 환자분과의 면담에서 혹시 부족한 점이 있었던 건 아닐까?'

찰나의 순간, 이런저런 생각들이 스쳐 지나갔습니다. 하지만 제 앞에 앉은 내담자의 눈빛은 진심으로 궁금해하는 아이처럼 반짝이고 있었고, 그 순수한 호기심에 저는 이내 마음을 가다듬고 차분히 대답할 수 있었습니다.

"음… 글쎄요, 힘들지 않다고 하면 거짓말이겠죠. 하지만 내담자분께서 걱정하시는 것처럼 매번 감정적으로 함께 무너지거나 하지는 않아요. 정신과 의사들은 레지던트 수련 과정 동안 그렇게 감정에 압도되지 않도록, 그러면서도 깊이 공감할 수 있도록 배우고 또 끊임없이 훈련하거든요. 저희도 사람이니만큼 환자분들의 아픈 기억이나 트라우마에서 오는 공포, 불안, 우울감 같은 감정들에 대해 매일 듣다 보면 당연히 마음이 아프죠. 하지만 그것은 환자분들을 온전히 '공감(empathy)'하기 위해 그들의 삶과 감정을 깊이 들여다보는 과정이랍니다. 동시에 환자분들이 미처 깨닫지 못하고 있거나 억압하고 있는 기억이나 감정들을 스스로 발견하고 직면할 수 있도록 돕는 과정이기도 하고요. 만약 저희가 공감에서 더 나아가 '동감(sympathy)'이 되어 그분들의 정서적 고통을 그대로 함께 느끼게 된다면, 아마 하루도 버티기 힘들 거예요. 의사로서의 삶을 지속하기 어려울 만큼 정서적으로 소진될 테니까요."

제 이야기를 듣고 있던 내담자는 가만히 고개를 끄덕였습니다.

그렇습니다. '공감'과 '동감'은 본질적으로 다릅니다. 우리는 하루 종일 수많은 사람들의 이야기에 '공감'할 수 있지만, 상대방의 감정이 마치 내 감정인 것처럼 똑같이 전이되어 느끼는 '동감'은 단 한 사람의 감정만으로도 벅찰 때가 많습니다. 공감은 상대방의 감정을 이해하고 그 입장이 되어보는 것이지만, 동감은 그 감정의 소용돌이에 함께 휩쓸리는 것과 같기 때문입니다.

그렇다면 우리 사회와 가정에 그토록 절실히 필요한 '공감'은 도대체 어떻게 해야 하는 것일까요?

진료를 하다 보면, 힘들고 지친 가족이나 친구에게 어떤 말을 해줘야 도움이 될지 모르겠다며 조언을 구하는 분들을 많이 만납니다. 하지만 안타깝게도, 이 질문은 어쩌면 전제부터 잘못되었을 수 있습니다. 대부분의 경우, 상대방에게 필요한 것은 특정한 '말'이 아니라 진정한 '공감'이기 때문입니다. 그리고 공감은 단순히 몇 마디 위로의 말로 형성되는 것이 아닙니다. 진정한 공감을 위해서는, 먼저 상대방으로부터 그가 처한 구체적인 상황과 그때 느꼈던 감정에 대한 설명을 충분히 '들어야' 합니다.

우리는 흔히 "공감대가 형성된다."는 말을 사용합니다. 비슷한 경험을 공유했기 때문에 상대방도 나와 같은 감정을 느꼈을 것이라고 쉽게 가정하는 것이죠. 물론 일상적인 수준에서는 어느 정도 통용될 수 있습니다. 하지만 개개인이 느끼는 감정은 지문처럼 모두 다르고, 상대방의 감정에 대해 자세히 귀 기울여 들여다보지 않으면 아무리 같은 경험을 했다고 해도 진정한 공감은 이루어지기 어렵습니다. 예를 들어, 회사에서 부장님이 무심코 던진 한마디에 K 과장은 아무렇지도 않게 넘어갈 수 있지만, L 대리는 마음에 깊은 상처를 받을 수 있습니다. 사람마다 자라온 환경이 다르고 타고난 기질과 성격도 다르기 때문에, 같은 상황에서도 어떤 감정을 느끼는지는 천차만별일 수밖에 없는 것입니다.

다시 말해, 우리는 꼭 비슷한 경험을 하지 않았더라도 충분히 상대방에게 공감할 수 있습니다. 특정 사건이나 사실 그 자체보다, 그 사건을 경험하면서 그 사람이 느꼈던 고유한 감정이 훨씬 더 중요하기 때문입니다. 사람은 누구나 슬픔, 기쁨, 행복, 고통, 즐거움, 외로움, 실망, 좌절, 자책, 후회, 희망 등 수많은 감정을 느껴본 경험이 있습니다. 바로 그 보편적인 감정의 경험을 통해 우리는 서로에게 공감할 수 있는 것입니다.

다시 한번 강조하지만, 누군가를 진심으로 위로하고 싶다면, 일단 상대방이 경험한 일과 함께 그 과정에서 그 사람이 느꼈던 감정을 충분히, 그리고 깊이 있게 들어주어야 합니다. 공감은 '아, 이 사람이 그때 그런 일 때문에 이렇게 느꼈구나' 하고 상대방의 감정에 대한 깊은 이해로부터 시작되기 때문입니다. 때로는 상대방이 극심한 불안이나 공포에 사로잡혀 자신의 감정을 제대로 표현하지 못할 수도 있습니다. 그럴 때는 그 두려움과 혼란스러움을 충분히 이해해 주고, 조급해하지 않고 기다려 주며, 필요하다면 그 감정을 명확히 바라보고 언어화할 수 있도록 부드럽게 대화를 이끌어 주는 것도 큰 도움이 됩니다.

결국, 공감은 '역지사지(易地思之)', 즉 상대방의 입장이 되어 생각해 보는 것에서 시작됩니다.

어떤 거창하거나 특별한 '말'이 중요한 것이 아닙니다. 상대방에 대한 깊은 이해가 바탕이 된다면, 설령 서툰 표현일지라도 그 마음은 충분히 전달될 수 있습니다. 사람의 의사소통은 언어적인 표현보다 비언어적인 표현, 즉 표정, 눈빛, 몸짓, 그리고 함께하는 침묵이 더 큰 부분을 차지하기 때문에, 진심은 말없이도 통할 수 있습니다. 여러분 주변에 힘들어하는 누군가가 있다면, 먼저 따뜻한 손을 내밀어 격려해 주시고, 그들이 진정으로 하고 싶었던 이야기가 무엇이었는지 귀 기울여 들어줄 수 있는 용기를 내어보셨으면 좋겠습니다. 저 또한 그런 사람이 되기 위해, 그리고 여러분과 함께 매일매일 노력하고 있으니까요.

나의 오랜 친구,
ADHD와의 작별

그날도 어김없이 교무실로 불려 갔습니다.

"너, 도대체 수업 시간에 왜 이렇게 떠드는 거야? 너 때문에 선생님이 얼마나 힘든지 알아, 몰라? 자, 손 내밀어. 몇 대 맞을래?"

초등학생 때부터 유난히 장난기 많고 활발했던 저는, 반에서 알아주는 개구쟁이였습니다. 그래서인지 교무실에 불려 가 선생님께 꾸중을 듣는 일은 저에게 그리 낯선 풍경이 아니었습니다. 나름대로 선을 넘지 않으려 애썼기에 대부분의 선생님들께서는 저를 귀엽게 봐주셨지만, 간혹 저를 '요주의 인물'로 여기며 엄하게 대하시는 선생님도 계셨습니다.

중학교에 가서는 그 장난기가 더욱 심해졌습니다. 7교시까지 있는 날은 일곱 번, 8교시까지 있는 날은 여덟 번 혼나는 것이 마치 당연한 일과처럼 여겨질 정도였으니까요. 앞뒤, 양옆을 가리지 않고 사방에 있는 친구들과 끊임없이 속닥거리고 웃고 떠드는 것이 어찌나 재미있던지, 열심히 수업하시는 선생님의 노력을 아랑곳하지 않고 키득거리거나, 시답잖은 내용이 적힌 쪽지를 주고받느라 하루가 멀다 하고 혼쭐이 났습니다. 그중에는 억울하게 누명을 쓴 경우도 있었습니다. 친구의 쪽지를 대신 전달해 주다가 선생님께 딱 걸려, 마치 제가 주동자인 것처럼 오해를 받기도 했으니까요.

어쨌거나 저는 선생님들 사이에서 '특별 관리 대상'이었기에, 다 같이 떠들다가도 유독 저만 더 자주 걸리곤 했습니다. 한번은 같이 떠든 친구들을 전부 데리고 나오라는 선생님의 불호령에, 나름의 '의리'를 지킨답시고 저 혼자 떠들었다고 너스레를 떨다가 엎드려뻗쳐 자세로 호되게 벌을 받은 적도 있습니다. 지금 생각하면 참 어처구니없는 객기였지만, 그때는 그게 그렇게 멋있어 보였습니다.

그러다 중학교 2학년 1학기를 마친 후, 저는 국제학교로 전학을 가게 되면서 학창 시절의 새로운 국면을 맞이하게 됩니다. 한국 학교의 자유분방하고 시끌벅적한 분위기와는 사뭇 다른, 조용하고 차분한 교실 분위기에 좀처럼 적응하지 못해 꽤나 힘든 시간을 보내야 했습니다. 처음에는 예전 버릇을 버리지 못하고 눈치 없이 떠들다가 외국인 선생님들께 수없이 잔소리를 들어야 했습니다. '차라리 한 대 때려주시면 속이라도 시원할 텐데… 그냥 한 대 맞고 끝내는 게 훨씬 낫지' 하는 생각이 들 정도로, 외국인 선생님들의 차가운 무시와 '문제아'라고 여기는 듯한 따가운 눈빛은 당시 어린 저에게 깊은 원망과 외로움을 안겨주었습니다. 지금 돌이켜 생각해 보면, 아마 그 선생님들도 속으로는 한 대 쥐어박고 싶은 마음을 꾹 참으셨을 텐데, 그걸 인내하셨던 그분들도 참 대단하다는 생각이 듭니다.

　의대에 입학한 후 예과 1학년 1학기 때에도 비슷한 일이 있었습니다. 저와 제 친구가 수업 시간에 너무 시끄럽게 떠든다며, 동기 형들이 저희를 따로 불러내어 "수업에 방해가 되니 조용히 해달라."고 진지하게 충고를 한 적이 있습니다. 본격적인 의학 공부가 시작되기 전, 비교적 자유로운 분위기의 교양 수업 시간이었기에 조금 당황스럽기도 했지만, 비싼 등록금을 내고 듣는 수업에 다른 사람들에게 폐를 끼쳐서는 안 되겠다는 생각에 그다음부터는 수업을 빼먹고 친구와 당구를 치러 가곤 했습니다. (물론, 결코 바람직한 해결책은 아니었지만요.)

 그렇습니다. 저는 어린 시절부터 꽤나 산만하고 시끄러운 아이였습니다.

 그래서 저는 당연히 제 자신이 외향적인 성격일 것이라고 철석같이 믿고 있었습니다. 그런데 이게 웬일일까요? 우연히 재미 삼아 해본 MBTI 성격 유형 검사에서, 저는 뜻밖에도 'I(내향형)'라는 결과를 받았습니다. 'E(외향형)' 같은 'I'라니, 스스로도 황당함을 금할 수 없었습니다.

 학창 시절부터 친구들과 어울려 노는 것을 좋아하고, 함께 있을 때는 분위기를 주도하며 신나게 노는 편이었지만, 곰곰이 생각해 보니 혼자만의 시간을 가질 때 가장 마음이 편안하고 안정을 느끼는 것도 사실이었습니다. 조금 어이없게 들리실지 모르겠지만, 저는 '고독과 사색을 즐기는 수다쟁이'였던 셈입니다. 도대체 어떻게 이런 모순적인 조합이 가능했던 걸까요?

 정신건강의학을 공부하면서, 저는 제가 가진 여러 가지 특성들을 다양한 진단 기준에 비추어 가늠해 보는 은밀한(?) 재미를 느끼곤 합니다. (일종의 직업병이라고 할 수 있겠지요.) 그리고 제가 내린 결론은, 어린 시절의 저는 분명 'ADHD(주의력결핍 과잉행동장애)' 성향을 가지고 있었다는 것입니다. 물론 약간의 논란의 여지는 있지만, 현재까지

ADHD는 만 12세 이전의 소아기에 증상이 시작되어야 진단이 가능하며, 성인이 되면서 증상이 저절로 호전되는 비율(관해율)은 대략 50~60% 정도로 알려져 있습니다. 물론 이러한 연구 결과가 모든 사람에게 똑같이 적용되는 것은 아닙니다. 열아홉 살에서 스무 살이 되는 순간 갑자기 모든 증상이 마법처럼 사라지는 것은 아니며, 개인의 내외적 성향과 주변 환경의 변화에 따라 조금씩 적응하고 조절하는 능력이 향상되면서 증상이 완화되는 부분이 있으리라 생각됩니다.

저 또한 20대 중반까지는 ADHD 진단 기준에 거의 부합하는 수준의 모습을 보이다가, 나이가 들고 생각이 깊어지면서 자연스럽게 엉덩이도 함께 무거워졌습니다. 예전보다 산만함이 줄어들고, 한 가지 일에 오랫동안 집중하는 것이 가능해진 것입니다. 사람은 각자가 처한 환경에 따라, 보고 듣고 느끼는 감정에 따라, 그리고 지혜와 경험이 쌓여 형성되는 가치관에 따라 끊임없이 변화하고 성장하는 존재입니다.

혹시 이 글을 읽는 분 중 자녀분이나 혹은 본인이 ADHD 증상으로 인해 어려움을 겪고 계신다면, 너무 크게 낙담하거나 자책하지 않으셨으면 좋겠습니다. 20대 초반까지는 자연스러운 뇌 성장을 통해 증상이 개선되는 경우도 많고, 현대 의학의 도움을 받는다면 충분히 긍정적인 변화를 기대할 수 있습니다. 전문적인 상담과 적절한 치료를 통해 일상생활의 어려움을 줄이고, 자신이 가진 잠재력을 더욱 잘 발휘할 수 있도록 돕는 다양한 방법들이 존재합니다. 중요한 것은 혼자 끙끙 앓기보다는 용기를 내어 도움의 손길을 찾는 것입니다.

저 역시 'ADHD'라는 오랜 친구와 자연스럽게 헤어지는 변화를 겪었고, 그 예기치 않았던 이별에 지금은 오히려 홀가분함을 느낍니다. 어쩌면 그 친구 덕분에 지금의 제가 더욱 다채롭고 유연한 사람이 될 수 있었는지도 모르겠습니다.

가끔은
모든 것을 멈추고,
카페로

아이를 낳기 전에는 주말이 다가오면, 아내는 스마트폰 지도 앱에서 찾아낸 평점 높은 카페들의 사진과 리뷰를 보여주곤 했습니다. 반짝이는 아이디어로 꾸며진 인테리어, 눈이 시원해지는 멋진 풍경, 그리고 저마다의 이야기를 담은 시그니처 메뉴들. 사진만 봐도 마음이 설레는 예쁜 카페들이 우리나라에는 참 많은 것 같습니다. 불과 20여 년 전만 해도 동네 다방이나 드문드문 보이던 프랜차이즈 카페가 전부였는데, 이제는 번화한 도심은 물론이고 조금만 외곽으로 나가도 개성 넘치는 카페들이 우리를 유혹합니다. 아내와 저는 화면 속 먹음직스러운 아이스 바닐라 라테의 유혹을 애써 외면하지 않습니다. 아니, 기꺼이 그 유혹에 빠져들곤 하죠.

저는 혼자 카페에 가본 경험이 거의 없었습니다. 어딘가 한적하고, 괜히 비싸기만 한 커피를 마시러 가는 일이 그다지 내키지 않았던 것 같습니다. 하지만 시간이 흐르고 삶의 이런저런 순간들을 겪으면서, 카페라는 공간이 주는 특유의 편안함과 느긋한 여유가 얼마나 소중한지 깨닫게 되었습니다.

살다 보면 하루는 더디게 흘러가는 것 같은데, 1년은 눈 깜짝할 사이에 지나가 버리는 것 같습니다. 매일매일은 마치 치열한 전투처럼 바쁘고 힘겹게 흘러가지만, 어느새 시간은 저만치 앞서가 우리를 기다리고 있습니다. 이처럼 정신없는 일상의 전쟁터 속에서, 우리는 과연 무엇을 놓치고 있는 걸까요?

진료실에서 저는 환자분들에게 '쉼'의 중요성에 대해 자주 이야기하는 편입니다. 특히 정신과 면담 치료에서 가장 중요한 원칙 중 하나라고 생각하는 '지금, 그리고 여기(here and now)'에 집중하는 삶의 태도를 강조하며, 이를 돕기 위해 마음챙김 명상이나 이완 요법 등을 교육하기도 합니다. '지금, 여기'의 중요성은 아무리 강조해도 지나치지 않습니다. 마음의 평온과 안정을 찾기 위한 불변의 진리이기 때문입니다. 우리는 종종 아직 오지 않은 미래에 대한 걱정으로 불안에 휩싸이거나, 이미 지나가 버린 과거의 사건들에 대한 후회와 집착으로 우울감에 빠지곤 합니다. 내가 나로서 바로 서고, 나의 감정과 생각, 그리고 몸의 반응을 온전히 이해하기 위해서는 과거와 미래가 아닌, 바로 '현재'를 살아가는 연습이 필요합니다. 그리고 그 연습을 위해서는, 쉴 새 없이 머리를 쓰거나 무작정 달리기만 하는 시간이 아닌, 진정한 휴식과 함께 자기 자신을 깊이 돌아보는 시간을 가져야 합니다.

그래서일까요? 요즘은 명상이 하나의 트렌드가 된듯합니다. 특히 미국에서는 빌 게이츠, 팀 쿡, 오프라 윈프리와 같은 유명 인사들이 명상의 중요성을 강조하면서 대중적인 관심이 더욱 높아졌습니다. 심지어 아이폰에는 기본적으로 명상 앱이 탑재되어 있다는 이야기도 들었습니다.

명상은 본래 여러 종교에서 심신 수련의 한 방법으로 오랫동안 활용되어 왔습니다. 하지만 과학과 의학이 눈부시게 발전한 최근에는 fMRI(기능적 자기공명영상)와 같은 첨단 장비를 통해 그 효과가 뇌과학적으로도 속속 입증되고 있습니다. 명상에는 다양한 방법들이 있지만, 결국 모든 길은 로마로 통하듯, 그 핵심 원리는 '지금, 여기'로 귀결됩니다. 조용히 앉아서 하는 정적 명상이든, 몸을 움직이며 하는 동적 명상이든, 자신의 호흡과 몸의 감각에 집중하며 현재의 순간에 느껴지는 오감을 온전히 경험하는 것입니다. 그러다 문득 다른 생각이 떠오르더라도, 그 생각을 판단하거나 억누르려 하지 않고 그저 알아차린 뒤 다시 부드럽게 주의를 오감으로 가져와 마음을 안정시키는 것이죠. 이렇게 우리의 뇌를 쉬게 하고, 과거와 미래에 대한 끝없는 생각의 사슬로부터 잠시 벗어나, 마치 달리는 기차 안에서 창밖의 풍경을 바라보듯 한 걸음 떨어져 객관적인 태도로 자신의 생각과 감정을 바라보는 연습을 하는 것입니다. 그렇게 할 수 있다면, 복잡하게 얽혔던 감정들이 차분히 가라앉고, 내 마음속 발걸음마다 평화가 깃드는 것을 경험할 수 있을 것입니다.

어쩌다 보니 명상에 대한 이야기까지 길어졌네요. 글을 쓰다 보니, 언젠가는 명상의 과학적인 효과와 우리 삶에서의 필요성에 대해 더 깊이 있는 글을 써보고 싶다는 생각도 듭니다.

여러분도 가끔은 분주한 일상에서 잠시 벗어나, 한적한 카페 창가에 앉아 따뜻한 커피 한 잔과 함께 자신에게 선물 같은 여유를 허락해 보는 것은 어떨까요? 그 순간만큼은 세상의 모든 시름을 내려놓고, 오롯이 자신에게 집중하는 시간을 가져보시길 바랍니다. 더할 나위 없이 좋은 휴식이 될 테니까요.

책 속에 길이 있다

법정 스님께서는 일찍이 가을을 두고 독서하기에 가장 적당하지 않은 '비독서지절(非讀書之節)'이라고 말씀하셨습니다. 아마도 '하늘은 높고 말은 살찐다'는 이토록 아름다운 계절에, 방구석에 틀어박혀 종이와 활자로 된 책만 들여다보고 있는 샌님들을 향해 던지신 일갈이었을 겁니다.

"날도 이렇게 좋은데, 나가서 좀 뛰어놀다 오너라! 꽁생원처럼 방에만 있지 말고!"

어린 시절, 형과 제가 방구석에 처박혀 시간 가는 줄 모르고 컴퓨터 게임에만 몰두하고 있노라면, 어김없이 들려오던 어머니의 잔소리와 참 많이 닮아 있습니다. 초등학생 때까지 저에게 '공부'란 윤선생 영어나 눈높이 수학 같은 학습지를 마지못해 푸는 것이 전부였던 터라, 대부분의 시간은 친구들과 뛰어놀거나 게임을 하느라 정신이 없었습니다. 저희 집에서 거의 유일하게 책을 좋아하셨던 어머니께서는 늘 "마음의 양식을 쌓기 위해서는 책을 많이 읽어야 한다."고 귀에 못이 박히도록 말씀하셨지만, 그때는 왜 그렇게 책 읽는 것이 지루하고 재미없게만 느껴졌는지 모르겠습니다.

심지어 저는 매일 비슷비슷한 연산 문제가 반복되는 눈높이 수학 학습지조차 풀기가 너무 귀찮아서, 학원에 다니지 않던 반 친구들에게 "공짜로 학습지를 풀어볼 절호의 기회"라고 꼬드겨 함께 풀게 하거나, 아무도 모르게 몇 장씩 몰래 찢어서 버리곤 했습니다. 하지만 어설픈 제 범죄는 얼마 가지 못해 발각되었고, 다른 친구의 글씨체와 교묘하게 숨기지 못한 찢긴 흔적들은 결국 어머니의 따끔한 꾸지람으로 일단락되곤 했습니다. 어쨌든, 저는 그렇게 공부도 싫어하고 책도 멀리하던, 그저 평범하고 장난기 많은 아이였습니다.

지금은 고층 아파트와 빌딩들로 빼곡하지만, 제가 어릴 적 살던 동네는 아직 개발이 많이 되지 않아 지금에 비하면 참으로 정겹고 소박한 풍경이었습니다. 초가을이 되면 저희 집은 시원한 통풍을 위해 베란다 창문을 활짝 열어두곤 했습니다. 그러면 어디선가 들려오는 청아한 새소리와 이름 모를 풀벌레들의 정겨운 울음소리가 집 안 가득 울려 퍼졌습니다. 저는 거실에 얇은 이불을 깔고 누워, 창문으로 살랑살랑 불어오는 선선한 가을바람을 온몸으로 느끼며 더없이 큰 행복감에 젖어들곤 했습니다. 그때가 아마 제 인생에서 가장 평화롭고 행복했던 순간 중 하나가 아니었나 싶습니다.

'그까짓 책이 다 뭐람! 지금 이 순간이 바로 신선놀음이고 해탈의 경지가 아니고 무엇이겠는가!'

하지만 한 살, 두 살 나이를 먹고 어른이 되어갈수록, 삶은 점점 더 바빠지고 복잡해져서 유년 시절과 같은 한가로운 여유를 갖기가 힘들어졌습니다. 요즘의 저는 아침부터 저녁까지 진료실에서 환자들을 만나고, 남는 시간에는 학회 참석 등으로 전문 과목을 공부하거나, 혹은 제가 개인적으로 좋아하는 분야의 지식을 쌓기 위한 독서를 하느라 친구들을 만날 시간조차 부족할 때가 많습니다. 평소에는 도무지 여유가 없으니, 주말에 특별한 약속이라도 없는 날이면 늦잠을 실컷 자며 침대 위에서 뒹굴거리는 소중한 자유를 만끽하곤 합니다. 하지만 이상하게도 예전만큼 온전히 쉬었다는 느낌을 받지는 못합니다. 쉴 새 없이 바쁘게 흘러가는 일상 때문일까요, 아니면 제 마음이 예전 같지 않아서일까요? 드라마 〈나의 아저씨〉에 이런 가슴을 울리는 대사가 나옵니다.

"나는 천근만근인 몸을 질질 끌고 가기 싫은 회사에 간다."

"네 몸은 기껏해야 백이십 근, 천근만근인 것은 네 마음."

그런데 이상하게도, 어릴 적 그 순수하고 평화로웠던 마음으로 돌아가기는 왠지 어렵게만 느껴집니다. 이미 너무 멀리 와버린 탓일까요? 어쩌면 그 시절과 똑같은 상황을 다시 만든다고 해도, 제 마음은 예전처럼 편안하지만은 않을 것 같습니다.

그렇다면 어른이 된 우리는, 잃어버린 마음의 평온과 여유를 되찾기 위해 무엇을 할 수 있을까요?

저는 다시 어머니의 그 말씀으로 돌아가 봅니다. 마음의 양식을 쌓아야만 비로소 삶의 지혜와 내면의 평온을 얻을 수 있다는 그 가르침 말입니다. 물론 마음의 양식을 쌓는 방법에는 여러 가지가 있겠지만, 시간과 비용 대비 가장 큰 만족감을 주면서, 동시에 한 사람의 수십 년 인생 내공을 단숨에 흡수할 수 있는 가장 효과적인 방법은 역시 '독서'가 아닐까 싶습니다.

정말 눈코 뜰 새 없이 바쁘게 지내는 요즘이지만, 저는 여전히 한 달에 다섯 권 이상의 책을 꾸준히 읽으려고 노력합니다. 과거 '책과는 담쌓고 지내던' 시절의 저를 생각하면, 실로 놀라운 변화가 아닐 수 없습니다. 제 인생을 바꿔놓은 여러 권의 '인생 책'들을 만나면서 독서의 중요성과 그 엄청난 효과를 절실히 깨닫게 된 이후로는, 더 이상 독서가 버겁거나 지루하게 느껴지지 않고, 오히려 없는 시간을 쪼개서라도 책을 읽게 되었습니다. 평소에는 종이책의 질감과 냄새를 좋아하지만, 자투리 시간을 활용해야 할 경우, 특히 출퇴근길의 여정에는 꼭 오디오북을 듣는 편입니다. 화장실에 갈 때나 편의점에 잠깐 들를 때, 심지어 잠자리에 들기 전 아내가 잠든 것을 확인한 후에는 조용히 이어폰을 꽂고 책의 세계로 빠져들곤 합니다. 책을 통해 위대한 작가들이 건네는 깊은 울림과 통찰의 목소리를 듣고 있노라면, 어느새 제 마음은 잔잔한 호수처럼 평온해짐을 느낍니다. 단순히 지식을 습득하는 것을 넘어, 책을 읽는 행위는 마치 우리 내면의 지혜라는 콩나물에 꾸준히 물을 주는 것과 비슷하다고 생각합니다. 당장은 눈에 띄는 변화가 없을지라도, 일단 계속해서 붓고 또 붓다 보면 어느새 콩나물은 쑥 자라 우리에게 풍성한 수확의 기쁨을 안겨줄 것입니다. 우리가 얼마만큼 많은 지식을 알고 있느냐도 중요하지만, 그 지식을 얼마나 적절한 순간에 올바르게 사용할 수 있느냐가 훨씬 더 중요합니다. 그것이 바로 진정한 '지혜'이고, 세상을 꿰뚫어 보는 '통찰력'이라고 저는 믿습니다. 책을 통해 저는 오늘도 더욱 단단하고 깊이 있는 사람으로 성장하기 위해 노력합니다.

  법정 스님의 '비독서지절'이라는 말씀에도 충분히 공감하지만, 저에게는 가을날 한가로운 주말 오후, 도시의 소음을 벗어나 조용한 외곽 카페의 야외 자리에 앉아 선선한 바람을 맞으며 책장을 넘기는 그 순간이 바로 어린 시절 제가 느꼈던 '신선놀음'과 다르지 않습니다. '읽는다는 것은 작가의 목소리를 통해 자기 자신의 근원적인 음성을 듣는 일'이라고 하지 않았던가요. 독서가 선사하는 이 끝없는 소통의 즐거움을, 부디 여러분도 함께 느끼실 수 있기를 진심으로 바랍니다.

내 마음속의
크리스마스를 찾아서

"징글 벨~ 징글 벨~ 징글 올 더 웨이~"

12월이 되면 명동, 강남, 종로와 같은 번화가 거리에는 어김없이 흥겨운 캐럴이 울려 퍼지고, 구세군의 정겨운 종소리가 사람들의 마음을 따뜻하게 녹입니다. 반짝이는 조명과 화려한 장식들은 예수님의 탄생을 축하하며 연말의 분위기를 한껏 돋우죠. 비단 전 세계인이 모두 크리스천이라서 그런 것만은 아닐 겁니다. 크리스마스는 한 해를 마무리하는 마지막 기념일이자, 가족과 연인들이 서로의 사랑을 확인하고 따뜻한 마음을 나누는 특별한 공휴일로서, 그 자체로 행복과 설렘의 기운을 공기 중에 가득 퍼뜨리는 날이니까요. 그런데 제가 왜 이렇게 뜬금없이 크리스마스 이야기를 꺼내냐고요? 사실 저에게 '크리스마스'라는 단어는, 마치 지친 영혼이 잠시 쉬어갈 수 있는 아늑한 '안식처'와 같은 특별한 느낌을 주는 단어이기 때문입니다.

여러분도 한번 곰곰이 생각해 보세요. 분명 각자의 마음속에 떠올리기만 해도 기분이 좋아지고 편안해지는, 그런 특별한 단어나 이미지가 하나쯤은 있을 겁니다. 만약 지금 당장 떠오르지 않는다면, 이번 기회에 한번 만들어 보는 것도 좋겠습니다. 아주 간단한 방법으로요.

먼저, 온전히 집중할 수 있는 조용하고 아늑한 공간을 찾아 눈을 감아보세요. 그리고 가장 행복하고 편안하게 느껴지는 장면을 마음속으로 천천히 떠올려 보는 겁니다. 그 장면은 드넓은 초원 위에 시원하게 뻗은 푸른 소나무들이 보이는 풍경일 수도 있고, 살랑대는 부드러운 산들바람을 맞으며 폭신한 흙길을 천천히 걷는 모습일 수도 있습니다. 지저귀는 새소리가 아름다운 그림 같은 숲속일 수도 있고, 혹은 눈부신 햇살이 쏟아지는 열대 휴양지의 하얀 백사장에서 에메랄드빛으로 반짝이는 바다를 바라보며 시원한 야자수 그늘 아래 편안히 누워 있는 모습일 수도 있겠죠. 그 어떤 장면이라도 좋습니다. 그저 여러분의 마음이 가장 평화롭고 행복하다고 느끼는 '이상향'이라고 생각되는 장면을, 모든 감각을 동원하여 생생하게 느껴보는 연습을 해보는 겁니다. 시각, 촉각, 후각, 미각, 청각까지, 마치 실제로 그곳에 있는 것처럼 말이죠. 그렇게 상상하는 동안 마음이 따뜻해지고 평온해지면서 입가에 잔잔한 미소가 떠오른다면, 여러분은 성공한 겁니다.

이처럼 자기 마음속의 평화로운 안식처를 찾아 그곳에 머무는 연습을 심리학에서는 '안정화 기법(stabilization technique)'이라고 부릅니다. 저의 경우, 이 기법을 꽤 여러 번 연습한 결과, 제가 가장 좋아하는 여름 휴양지의 아름다운 바닷가 풍경과 1년 중 가장 설레고 따뜻한 날인 크리스마스라는 두 가지 이미지를 하나로 합치게 되었습니다. 저에게는 '크리스마스'라는 단어 자체가 주는 설렘과 따뜻함, 그리고 풍요로운 느낌이 너무나도 강렬하기 때문에, 제 상상 속 이상향인 눈부신 백사장과 성탄절의 포근한 분위기가 자연스럽게 하나로 만나게 된 것이죠. 이 특별한 분위기를 언젠가는 실제로 직접 느껴보고 싶어서, 저는 12월 25일에 맞춰 따뜻한 남반구의 호주로 크리스마스 여행을 떠나고 싶다는 즐거운 상상을 하곤 합니다.

하지만 아직은 현실적으로 가장 바쁜 시기인 여름에 긴 휴가를 내고 훌쩍 떠나는 것이 쉽지는 않기에, 저는 계절에

상관없이 봄이든, 여름이든, 가을이든, 문득 마음이 지치고 힘들 때면 머릿속으로 저만의 특별한 '크리스마스 해변'을 그려보는 연습을 합니다. 그리고 제 마음의 평화와 안식을 위해서 속으로 이렇게 크게 외쳐봅니다.

"자, 어서 내 머릿속에서 크리스마스가 되어줘!"

이 글을 읽고 계시는 여러분도, 혹시 힘든 인생의 여정을 지나며 예상치 못한 스트레스와 마주하게 될 때면, 자신만의 특별한 '크리스마스'와 같은 마법의 단어나 이미지를 떠올려 보시면 좋겠습니다. 그리고 그 구체적인 상상을 통해, 여러분의 입가에도 어느새 행복한 미소가 잔잔히 피어나기를 진심으로 바라봅니다.

지친 마음이
머무는
작은 여행

　진료를 마치고 병원을 나서는 길, 불현듯 어디론가 훌쩍 떠나고 싶다는 생각이 들었습니다. 집으로 돌아가야 할 이유는 분명하지만, 그보다도 지금은 잠깐이라도 낯선 곳에 머물고 싶은 마음이 더 컸습니다. 서울 근교에 있는 조용한 호숫가나, 바람이 잘 드는 언덕 위 벤치에 잠시 앉아 있을 수 있다면 얼마나 좋을까. 그 순간만큼은 진료실 안의 무거운 이야기들도, 밀려오는 행정 업무도, 심지어 집안일마저도 모두 내려놓고 오롯이 나 자신으로 존재하고 싶었습니다.

　우리는 흔히 여행을 '어디 멀리 떠나는 것'이라고 생각합니다. 비행기를 타고 몇 시간을 날아가거나, 고속열차에 몸을 신고 일상에서 벗어나야 비로소 '여행 같다'고 느끼곤 하죠. 하지만 제 경험에 따르면, 여행은 물리적인 이동보다 '마음이 떠나는 방향'에 더 가깝습니다. 차를 몰고 30분만 가도, 내가 지금까지 살아온 일상과는 조금 다른 풍경을 만날 수 있다면, 그것만으로도 충분한 쉼이 될 수 있습니다. 아주 작고 가까운 이동이라도 들뜬 기대를 얹는다면, 그것이 곧 '작은 여행'입니다.

몇 해 전 일이었습니다. 하루하루가 너무 지치고 무기력해서 아침에 눈을 뜨는 것조차 버거웠던 시기가 있었습니다. 정신적으로도, 육체적으로도 탈진 상태였고, 단 한 줄의 책도 읽기 어렵고, 누군가의 말 한마디에도 쉽게 예민해지는 나날이 이어졌습니다. 그 시기에는 특별한 사건이 있었던 것도 아니었지만, 이유 없이 가라앉는 기분과 머릿속을 맴도는 무의미함이 저를 지배하고 있었습니다. 그때 저는 단 하루라도 좋으니, 모든 것을 내려놓고 나만의 시간과 공간을 가져보자고 결심했습니다.

그래서 조용한 시골 마을로 향했습니다. 지인의 소개로 알게 된, 산자락 아래에 위치한 작은 독채 펜션을 예약했고, 그곳으로 향하는 내내 휴대폰은 무음모드로 두었습니다. 펜션에 도착했을 때, 고요함 속에서 바람 소리와 새소리만이 배경 음악처럼 울려 퍼졌고, 저는 그 순간부터 마음이 조금씩 풀리는 것을 느꼈습니다. 늦은 아침, 느긋하게 일어나 따뜻한 차 한 잔을 마시며 베란다에서 산을 바라봤습니다. 마을 어귀를 산책하며 흙길을 걷고, 바람에 흔들리는 나뭇잎 소리를 들으면서 자연스럽게 깊은 호흡이 나왔습니다. 근처 작은 카페에 들러 책 한 권을 꺼내 들고, 바닐라 라테를 천천히 마시며 몇 시간을 보냈습니다. 평소라면 늘 조급하게 책장을 넘기거나 스마트폰을 함께 보며 집중하지 못했을 텐데, 그날은 몇 페이지를 넘기지 않아도 좋았습니다. 그냥 그 공간에 머무는 것만으로도 충분했으니까요.

 점심은 마을 할머니가 운영하는 국밥집에서 따뜻한 국밥 한 그릇으로 간단히 해결했습니다. 오랜만에 누군가 해주는 밥을 먹는다는 사실이, 생각보다 큰 위안이 되었습니다. 오후에는 마을 뒷산을 따라 천천히 오르며, 가을 햇살을 맞았습니다. 능선 위에 도착했을 땐, 탁 트인 하늘과 땅, 그리고 멀리 펼쳐진 논과 밭이 어우러진 풍경이 제게 말을 걸어오는 듯했습니다. 해 질 무렵, 그 자리에서 노을을 바라보며 그저 조용히 앉아 있었습니다. 말도 생각도 멈추고, 그저 존재하는 느낌. 그렇게 하루를 보내고 나니, 복잡하게 얽혀 있던 생각들이 조금은 정리되고, 마음속에 쌓여 있던 응어리가 풀어지는 듯한 기분이 들었습니다. 마치 아주 오랜만에 깊은숨을 내쉬는 느낌이었습니다.

그 하루는 제 삶에 있어서 작은 전환점이 되어주었습니다. 아무것도 하지 않았지만, 그 아무것도 하지 않는 시간 속에서 제 마음은 조용히 회복되고 있었습니다. '마음의 소진'을 느낄 때, 우리는 대단한 치유나 거창한 해결책을 찾기보다, 단지 아주 작고 소박한 여백 하나를 내어주는 것만으로도 충분히 회복될 수 있습니다. 그 여백 속에서 비로소 내 마음의 소리를 듣고, 진짜 내 모습과 다시 연결될 수 있으니까요.

실제로 많은 분들이 그렇게 자신만의 '작은 여행'을 통해 마음의 여유를 찾았다고 말씀해 주시곤 합니다. 우리는 무언가를 하러 떠나는 것에는 익숙하지만, 아무것도 하지 않기 위해 떠나는 데에는 어색함을 느낍니다. 하지만 가만히 멈추는 것도, 어쩌면 그 무엇보다도 필요한 '행동'일 수 있습니다. 작은 여행은 그런 멈춤의 공간을 우리에게 선물해 줍니다. 목적지도, 일정도, 해야 할 것도 없는 그런 시간 속에서 우리는 진짜 내 마음을 만나게 됩니다.

여러분도 혹시, 지치고 벅찬 하루 속에서 '어디론가 훌쩍 떠나고 싶다'는 생각을 해보셨나요? 그 마음이 드는 순간, 굳이 먼 곳이 아니어도 괜찮습니다. 지금 당장 휴대폰을 끄고, 집 앞 공원 벤치에라도 앉아보세요. 그리고 눈을 감고 주변의 소리에 귀 기울여 보세요. 바람에 흔들리는 나뭇잎 소리, 멀리서 들려오는 아이들 웃음소리, 지나가는 자전거 바퀴 소리까지. 모든 것이 여러분의 여행이 되어줄 것입니다.

  삶은 결국 하루하루의 작은 쉼이 모여 만들어지는 긴 여정입니다. 그 여정이 조금 덜 고단하고, 조금 더 따뜻해질 수 있도록, 우리 모두 각자의 방식으로 잠깐의 여행을 떠나보면 좋겠습니다. 마음이 가는 대로, 천천히, 조용히. 아무도 모르게, 아주 나만을 위한 작은 여행을.

오늘을 산다는 것,
내 마음의
쉼표를 찍는 시간

문득 창밖을 바라보다 생각에 잠길 때가 있습니다. 빠르게 흘러가는 계절, 분주한 사람들, 그리고 그 속에서 나 자신은 어디로 향하고 있는 걸까 하는 물음표들이 꼬리를 물고 이어지곤 하죠. 어쩌면 우리는 이미 지나가 버린 어제에 대한 아쉬움과 후회, 혹은 아직 오지 않은 내일에 대한 막연한 불안감 사이에서 현재라는 소중한 시간을 놓치고 있는 건 아닌지 모르겠습니다. 정신없이 돌아가는 일상 속에서, 잠시 멈춰 서서 내 마음의 소리에 귀 기울이는 시간, 그것이 바로 오늘을 살아가는 지혜가 아닐까 싶습니다.

아침에 눈을 뜨면, 습관처럼 스마트폰부터 확인하는 대

신 창문을 열어봅니다. 밤사이 내려앉은 새벽 공기가 피부에 와 닿는 느낌, 저 멀리서 들려오는 희미한 도시의 소음, 그리고 계절마다 다른 빛깔로 채워지는 하늘을 가만히 바라봅니다. 어떤 날은 눈부신 아침 햇살에 하루를 시작할 에너지를 얻기도 하고, 어떤 날은 궂은 날씨에 괜스레 마음이 차분해지기도 합니다. 이렇게 아주 잠깐이라도 의식적으로 주변을 느끼는 것, 그것만으로도 복잡했던 머릿속이 조금은 정돈되는 기분이 듭니다.

'명상'이라는 단어를 들으면 어떤 이미지가 떠오르시나요? 혹시 고요한 산속 사찰이나, 가부좌를 틀고 깊은 생각에 잠긴 수행자의 모습이 연상되시나요? 물론 그런 모습도 명상의 한 단면이겠지만, 제가 생각하는 명상은 그렇게 거창하거나 어려운 것이 아닙니다. 오히려 우리 삶 아주 가까이에 있는, 따뜻한 차 한 잔을 마시며 그 온기를 느끼는 순간, 좋아하는 음악을 들으며 가만히 눈을 감는 순간, 혹은 길가에 핀 작은 들꽃의 아름다움에 잠시 시선을 빼앗기는 순간처럼, 아주 작고 소박한 찰나에 숨어 있을 때가 많습니다. 점심시간, 회사 근처 공원 벤치에 앉아 따뜻한 커피를 한 모금 마실 때, 코끝을 스치는 커피 향과 입안에 감도는 따스함, 그리고 잠시나마 주변의 소음에서 벗어나 나 자신에게 집중하는 그 짧은 순간 역시 저에게는 소중한 명상의 시간이 됩니다.

결국 명상이란, '지금, 이 순간'에 온전히 머무르는 연습입니다. 흩어지려는 마음을 부드럽게 현재로 데려와, 판단이나 평가 없이 그저 나 자신을 가만히 바라보는 시간이죠. 마치 헬스장에서 꾸준히 운동하면 근육이 단련되듯, 우리의 마음도 이렇게 잠시 멈춰 숨을 고르는 연습을 통해 더욱 단단하고 평온해질 수 있습니다. 복잡한 생각의 실타래에서 잠시 벗어나, 한 걸음 떨어져 나 자신과 주변을 바라볼 수 있는 여유를 갖게 되는 것입니다.

어떤 분들은 조용히 앉아 눈을 감고 자신의 호흡에 집중하는 것을 선호할 수도 있고, 또 어떤 분들은 좋아하는 음악을 들으며 설거지를 하거나, 주말 아침 향긋한 빵 냄새를 맡으며 가족을 위해 요리하는 일상의 소소한 행동 속에서 마음의 평화를 찾을 수도 있습니다. 퇴근 후, 좋아하는 음악을 틀어놓고 하루 동안 쌓였던 먼지를 털어내듯 집 안을 정리하는 시간도 저에게는 훌륭한 명상과 같습니다. 물건들이 제자리를 찾아가듯, 복잡했던 마음도 차분히 정돈되는 느낌을 받곤 합니다. 방법은 중요하지 않습니다. 중요한 것은 그 순간만큼은 오롯이 나 자신에게 집중하며, 내 안에서 들려오는 작은 목소리에 귀 기울이는 것입니다. '괜찮다, 잘하고 있다, 조금 쉬어가도 괜찮다'고요.

혹시 명상을 어떻게 시작해야 할지 막막하게 느껴지신다면, 아주 간단한 방법부터 시도해 보세요. 바로 '호흡 바라보기'입니다. 편안한 자세로 앉거나 누워서 눈을 감고, 다른 어떤 것에도 신경 쓰지 않은 채 오직 숨이 들어오고 나가는 것에만 주의를 기울여 보는 겁니다. 코를 통해 시원한 공기가 들어와 몸 안을 채우고, 다시 따뜻한 숨이 빠져나가는 그 자연스러운 흐름을 그저 가만히 느껴보세요. 생각이 떠오르거나 주변 소리에 신경이 쓰여도 괜찮습니다. '아, 내가 다른 생각을 하고 있구나' 하고 알아차린 뒤, 다시 부드럽게 주의를 호흡으로 가져오면 됩니다. 억지로 생각을 멈추려 하거나 잘하려고 애쓸 필요는 전혀 없습니다. 마치 강가에 앉아 물이 흘러가는 것을 바라보듯, 내 생각과 감정도 그저 흘러가도록 내버려두는 것이 중요합니다. 처음에는 1분, 2분 짧게 시작해서 조금씩 시간을 늘려가 보세요. 이 단순한 호흡 바라보기만으로도 마음이 한결 차분해지고 현재에 머무르는 힘을 기를 수 있습니다.

또 다른 방법으로는 '오감 깨우기' 명상이 있습니다. 지금 당신이 있는 공간에서, 눈에 보이는 것 한 가지(예: 창밖의 나뭇잎 색깔), 귀에 들리는 소리 한 가지(예: 시계 초침 소리), 코로 맡을 수 있는 냄새 한 가지(예: 공기 중에 희미하게 섞인 커피 향), 혀로 느낄 수 있는 맛 한 가지(만약 무언가를 먹거나 마시고 있다면, 아니라면 입안의 느낌), 그리고 피부로 느껴지는 감촉 한 가지(예: 의자의 단단함, 옷감의 부드러움)를 차례대로 천천히 느껴보는 겁니다. 이렇게 의식적으로 주변의 감각들을 하나씩 깨우다 보면, 과거에 대한 후회나 미래에 대한 불안으로부터 잠시 벗어나 '지금, 여기'의 생생한 현실감을 느낄 수 있습니다. 커피 한 잔을 마실 때도 그냥 마시는 것이 아니라, 커피의 색깔을 관찰하고, 향을 음미하고, 따뜻함을 느끼고, 입안에 퍼지는 맛을 천천히 느껴보는 것, 이 모든 것이 일상 속에서 쉽게 실천할 수 있는 오감 깨우기 명상입니다.

  우리의 뇌는 참 신기해서, 즐거운 상상을 하는 것만으로도 실제 긍정적인 변화를 경험한다고 합니다. 눈을 감고 가장 편안하고 행복했던 순간을 떠올려 보세요. 따스한 햇살이 내리쬐던 어린 시절 여름날의 외할머니댁 마루, 사랑하는 사람과 손잡고 걸었던 밤바다, 아이의 작은 손을 잡고 함께 웃었던 기억, 혹은 아름다운 노을을 바라보며 느꼈던 벅찬 감동 같은 것들 말입니다. 그 기억의 조각들을 하나씩 꺼내어 음미하다 보면, 어느새 입가에 잔잔한 미소가 번지고 마음이 한결 가벼워지는 것을 느낄 수 있을 겁니다. 저는 가끔 잠들기 전, 하루 동안 감사했던 일들을 세 가지씩 떠올려 보곤 합니다. 거창한 일이 아니어도 좋습니다. '오늘 아침, 따뜻한 커피를 마실 수 있어서 감사했다', '길에서 우연히 만난 친구와 반갑게 인사해서 즐거웠다', '저녁 식탁에서 가족들과 도란도란 이야기를 나눌 수 있어서 행복했다'와 같이 아주 사소한 것들이죠. 이렇게 감사의 순간들을 되새기다 보면, 팍팍하게만 느껴졌던 하루에도 숨겨진 온기가 있었음을 발견하게 되고, 좀 더 평온한 마음으로 잠자리에 들 수 있습니다.

혹시 지금, 삶의 무게에 지쳐 잠시 멈춰 서고 싶다는 생각이 드신다면, 너무 자책하거나 불안해하지 않으셨으면 좋겠습니다. 길을 잃었다고 느껴질 때, 잠시 멈춰 숨을 고르고 지도를 다시 살펴보는 것은 너무나 자연스러운 일이니까요. 오늘 하루, 단 5분이라도 좋습니다. 여러분의 마음에 작은 쉼표를 찍어주는 시간을 선물해 보세요. 지나간 과거와 아직 오지 않은 미래에 대한 걱정은 잠시 내려놓고, '지금, 여기' 이 순간의 소중함을 느껴보는 겁니다. 햇살 좋은 날, 공원 벤치에 앉아 스치는 바람을 느껴보거나, 좋아하는 향초를 켜고 따뜻한 물에 몸을 담그는 것처럼 아주 작은 행동 하나하나가 마음에 큰 위안을 줄 수 있습니다. 그 작은 쉼표 하나가, 오늘을 더욱 의미 있고 평화롭게 만들어 줄 수 있을 거라고 믿습니다. 그리고 그렇게 하루하루 오늘을 정성껏 살아내다 보면, 어느새 여러분의 삶은 더욱 풍요롭고 아름다운 이야기로 채워져 있을 것입니다.

삶의 지혜를
찾아서

나이의 무게만큼
깊어지는 것들

"목적을 이루기 위해서
오랜 인내를 하기보다는 눈부신 노력을 하는 편이 쉽다."

- 장 드 라브뤼예르(Jean de La Bruyère)

프랑스의 사상가 라브뤼예르의 이 명언은, 솔직히 말해 타고난 인내심이 그리 뛰어나지 않은 저에게 꽤나 큰 위로와 용기를 주는 말입니다. 물론 독서와 명상이라는 자기 수련을 통해 '그릿(GRIT)'으로 불리는 의지력과 끈기를 키우려 부단히 노력하고 있지만, 타고난 기질을 하루아침에 바꾸기란 역시 쉽지 않은 일인가 봅니다. 돌이켜 보면 학창 시절의 저는, 시험 기간에만 반짝 열정을 불태우는 벼락치기 전문가였고, 그 아슬아슬한 습관은 20대 중반까지도 저를 그림자처럼 따라다녔습니다. 학문 자체에 깊은 재미를 느끼기보다는 당장의 관문을 통과하기 위해 억지로 책상에 앉았던 터라, 오랫동안 집중력을 유지하는 것은 제게 너무나 어려운 숙제였습니다. 시험이 끝나면 애써 머릿속에 구겨 넣었던 지식들은 마치 봄눈 녹듯 사라져 버리곤 했죠. 레지던트 시절에는 부족한 시간 속에서 환자들을 돌보기에 급급했고, 마치 거대한 숲을 보지 못하고 눈앞의 나무 한 그루에만 매달리는 것처럼 근시안적인 방식으로 하루하루를 보냈던 것 같습니다. 지금처럼 전공의들의 근무 시간을 법적으로 보장하는 제도가 없던 시절이라, 일주일에 100시간을 훌쩍 넘겨 일하는 날도 허다했으니, 그야말로 숨 막히는 시간들이었습니다. 그 고되고 힘겨웠던 시간을 어떻게든 버텨내고 나니, 어느새 전문의라는 이름표를 달게 되었고, 그제야 비로소 숨통이 조금 트이면서 세상을 조금 더 넓게 바라볼 여유를 갖게 되었습니다.

'나잇값'. 어릴 적 어른들께 "나잇값도 못 한다."는 꾸지람을 종종 들어서인지, 이 단어에는 어딘가 모르게 부정적인 무게감이 실려 있는 듯합니다. 스스로 아직 젊다고 생각하는 제가 '나잇값'을 이야기하는 것이 조금은 어색하고 건방

지게 들릴까 조심스럽기도 합니다. 하지만 세월이라는 강물에 조금씩 몸을 맡기다 보니, 이전에는 미처 깨닫지 못했던, 혹은 애써 외면했던 삶의 풍경들이 조금씩 다른 색깔로 보이기 시작했습니다. 그래서 그 '나이의 무게만큼 깊어지는 것들'에 대한 솔직한 제 마음의 이야기를 한번 꺼내볼까 합니다.

시간이 흐른다고 해서 저절로 지혜의 눈이 뜨이는 것은 아니라고 생각합니다. 제게 세상을 바라보는 새로운 시야를 선물해 준 것은 다름 아닌 '독서'와 '명상'이었습니다. 꾸준한 독서를 통해 다양한 삶의 지혜와 통찰을 얻고, 명상을 통해 복잡했던 제 마음을 가만히 들여다보며 내면의 목소리에 귀 기울이는 시간을 갖게 되면서, 저는 비로소 제 삶의 작은 변화들을 조금 더 따뜻한 시선으로 바라볼 수 있게 되었습니다.

예전에는 결과를 빨리 내는 것, 남들에게 인정받는 것에만 급급했다면, 이제는 과정 속에서 느끼는 작은 기쁨들과 제 스스로의 성장에 더 큰 의미를 두게 되었습니다. 예를 들어, 환자분들과 깊이 있는 대화를 나누기 위해 보이스 코칭을 받았던 경험이 있습니다. 예전 같으면 단순히 '더 나은 의사가 되기 위한 기술 습득' 정도로 생각했겠지만, 지금은 그 경험을 통해 '타인과 진심으로 소통하는 법'에 대해 고민하고, 제 목소리 톤 하나하나에 실리는 감정의 무게를 느껴보는 소중한 성찰의 시간이었다고 생각합니다. 목소리가 극적으로 달라지지는 않았지만, 그런 노력을 기울였다는 경험 자체가 제 안의 무언가를 조금은 바꾸어 놓았다고 믿습니다.

어쩌면 '나잇값'이라는 것은, 사회적인 성공이나 전문가로서의 능숙함보다는, 나이가 들어가면서 자연스럽게 쌓이는 삶의 경험들을 통해 자기 자신과 세상을 좀 더 깊이 이해하게 되는 과정 그 자체일지도 모르겠습니다. 예전에는 이해할 수 없었던 타인의 행동이나 말들이 이제는 조금씩 이해가 되고, 젊은 날의 치기 어렸던 실수들이 지금의 저를 만든 소중한 밑거름이었음을 깨닫게 됩니다.

물론 지금도 저는 여전히 부족하고 배워야 할 것들이 많습니다. 드라마 〈미생〉의 주인공처럼, 완생을 향해 나아가는 과정 중에 있는지도 모르겠습니다. 하지만 중요한 것은 결과가 아니라, 하루하루 진심을 다해 살아가려는 마음가짐이라고 생각합니다. 지난 3년 동안 꾸준히 참여해 온 의료봉사 활동도, 거창한 이유보다는 그저 제 작은 능력이 누군가에게 아주 조금이라도 힘이 될 수 있다면 좋겠다는 소박한 바람에서 시작된 것입니다. 이러한 작은 실천들이 모여 제 삶을 조금 더 의미 있게 만들어 준다고 믿습니다.

바야흐로 '100세 시대'라고 합니다. 많은 분들이 나이를 먹는다는 것에 대해 막연한 두려움을 느끼기도 합니다. 하지만 시간은 우리가 붙잡을 수도, 멈출 수도 없는 강물과 같은 것이겠지요. 때로는 하루하루를 버텨내는 것조차 힘겹게 느껴지는 고단한 삶이지만, 그 시간들이 쌓여 소중한 경험으로 축적되고, 마침내 나이에 걸맞은 깊이 있는 지혜로 승화될 수 있다고 저는 믿습니다. 우리가 어떤 마음으로 하루를 살아가느냐에 따라, 각자의 시간은 서로 다른 의미와 무게를 지니며 흘러갑니다. 비록 지금 여러분의 발걸음이 남들보다 조금 느리다고 느껴질지라도, 한 걸음 한 걸음 내딛는 그 모든 발자취마다 아름다운 꽃향기가 가득하기를, 그리고 그 향기가 여러분의 삶을 더욱 풍요롭게 만들어주기를 진심으로 바라봅니다.

나만의 속도로
살아가는 용기

 개원한 의원의 지리적 특성상 주변에 대학이 많아 20~30대 환자분들이 많습니다. 그들은 또래 친구들이 취업을 준비하거나, 이미 사회에 진출해 자리를 잡고 있는 모습을 보며 종종 부러움과 위축감을 동시에 느낍니다. 한참 고민이 많을 시기인지라, 진료 중에 "선생님, 저만 너무 느린 것 같아요."라며 눈시울을 붉히는 분들도 계십니다. 아직도 뭘 좋아하는지도 잘 모르겠고, 하루하루 그저 시간만 흘러가는 것 같아 무력하다는 말도 자주 덧붙입니다. 어떤 분은 계속되는 좌절감에 스스로를 '게으른 사람', '뒤처진 사람'이라고 단정 짓고는, 혹시 본인이 ADHD가 아닌가 하며 불안한 눈빛으로 묻기도 합니다. 주변 사람들은 나름 잘 지내고 있는 것 같은데, 왜 나만 이렇게 정체되어 있는 걸까 하는 그런 막막함이 깊은 자기비난으로 이어지는 듯했습니다.

하지만 제가 보기엔 그들은 결코 게으르지도, 뒤처진 것도 아니었습니다. 오히려 저는 그들이 매우 진지하게 자신을 돌아보고 있다는 인상을 받았습니다. 누군가는 일찍 목표를 설정하고 빠르게 달려가지만, 또 다른 누군가는 한 걸음 멈춰 서서 자신이 정말로 원하는 것이 무엇인지 곱씹어 보고, 천천히 방향을 정하는 과정을 거치기도 합니다. 그런 과정이 비록 더디게 보일지 몰라도, 오히려 더 단단한 기초를 다지는 시간일 수 있습니다. 사람은 누구나 각자의 속도로 살아갑니다. 중요한 것은 그 속도가 자신에게 진실한가, 스스로를 소모하지 않고 유지할 수 있는가입니다. 때로는 천천히 흐르는 시간이 삶을 더 깊이 있게 만들어 주는 통로가 되기도 하니까요.

우리는 누구나 각자의 삶의 리듬을 가지고 있습니다. 어떤 이는 빠른 템포로 세상을 헤쳐 나가고, 또 어떤 이는 느린 왈츠처럼 조용히 하루하루를 살아갑니다. 중요한 것은 그 리듬이 자신에게 자연스러운가 하는 것입니다. 남들의 리듬에 맞추려 애쓰다 보면 결국 호흡이 흐트러지고, 자신이 진짜 원하는 것을 잃어버리기 쉽습니다. 속도가 인생의 성공 여부를 말해주는 절대적인 기준이 아니라면, 우리는 조금 더 자신에게 맞는 박자를 허용해 줘야 하지 않을까요?

의사로서 정신건강을 다루다 보면, 빠르게 무언가를 성취하고자 하는 압박감 속에 자신을 몰아붙이다가 번아웃에 이르는 사람들을 자주 만납니다. 그들은 대부분 '쉬면 안 된다', '느리면 실패한 것'이라는 강박적인 사고에 사로잡혀 있습니다. 하지만 삶은 장거리 마라톤과 같아서, 오히려 적절히 속도를 조절하고 쉬어갈 줄 아는 사람이 더 오래, 더 멀리 갈 수 있습니다. 누구나 잠시 멈춰 서야 할 때가 있고, 다시 나아가기 위해 준비하는 시간이 필요합니다. 사람마다 인생의 전환점도 다르고, 꽃이 피는 시기도 제각각입니다. 누군가는 스무 살에 자신의 꿈을 찾아 일찌감치 자리를 잡고, 또 누군가는 마흔이 넘어서야 비로소 자신이 원하는 삶을 알아차립니다. 중요한 건 결국 '지금의 나'가 나답게 살아가고 있는가, 그리고 내 속도에 나 자신이 만족하고 있는가입니다.

저는 요즘, 하늘을 한 번 더 올려다보고, 바람결에 흔들리는 나뭇잎을 바라보는 시간을 소중하게 여기게 되었습니다. 그런 짧은 멈춤 속에서 오히려 더 많은 걸 느끼고, 내면의 에너지를 회복할 수 있었습니다. 삶을 빠르게만 사는 것이 전부는 아니라는 걸 이제는 조금 알 것 같습니다.

특히 주말엔 하루를 마무리하며 저녁노을을 바라보는 시간이 제겐 작은 명상이 되곤 합니다. 붉게 물든 하늘과 그 아래 천천히 어둠이 내려앉는 모습을 지켜보다 보면, 하루의 분주함도 차분하게 가라앉고, 복잡했던 생각들도 어느덧 정리됩니다. 그 고요한 시간 속에서 나는 누구인지, 무엇이 내게 진짜 중요한지를 다시 생각하게 됩니다. 꼭 멀리 떠나지 않아도, 내 곁의 일상 속에서도 쉼표를 찍는 연습이 가능하다는 걸 깨닫게 되었습니다. 또한, 시간 여건상 자주 가지는 못하지만, 천천히 걷는 산행도 제게는 큰 힐링이 됩니다. 빠르게 걸어가며 목적지만을 향하던 예전과 달리 이제는 발걸음 하나하나에 마음을 담을 때가 있습니다. 벌써 나이가 든 것일까요. 가끔은 일부러 익숙하지 않은 골목을 돌아 걷기도 하고, 이름 모를 꽃 한 송이에 시선을 멈추기도 합니다. 그렇게 멈춰 선 순간들이 오히려 제 삶을 더 풍성하게 채워주는 것을 느낍니다. '조금 느리게 살아도 괜찮다'는 확신이 들기 시작한 것은 아마 그런 소소한 체험들이 쌓이면서부터일 것입니다.

   삶에는 정해진 코스도, 정답지도 없습니다. 자신에게 가장 자연스럽고 건강한 리듬을 찾는 것, 그것이야말로 진정한 삶의 지혜입니다. 당신의 속도는 당신만의 것입니다. 남과 비교하지 않고, 조급해하지 않으며, 오늘 하루 나의 박자에 귀 기울이는 용기. 그것이야말로 우리를 더욱 단단하고 평화롭게 만들어 주는 삶의 길잡이가 되어줄 것입니다.

불확실함 속에서
길을 잃지 않기 위해

살다 보면, 우리는 끊임없이 선택의 갈림길에 서게 됩니다. 그리고 그 갈림길 앞에서 가장 먼저 마주하게 되는 것은 '불확실함'입니다. 이 길을 가면 무엇이 기다리고 있을까, 지금의 선택이 과연 옳은 걸까, 아니면 다시 돌아가야 할까 하는 수없이 많은 질문들이 마음을 무겁게 합니다. 우리는 불확실성을 본능적으로 두려워합니다. 알 수 없는 것, 예측할 수 없는 것 앞에서 사람의 마음은 불안정해지고, 그 불안은 때로 결정을 지연시키거나 아예 피하게 만들기도 합니다.

진료실에서도 그런 모습을 자주 목격합니다. 직장을 옮

길지 말지, 연인을 떠날지 붙잡을지, 전공을 바꿔야 할지 그대로 유지할지, 작은 결정부터 인생의 큰 방향에 이르기까지… 환자분들은 불확실한 미래 앞에서 힘들어합니다. 특히 중대한 선택일수록 그 갈등은 더욱 깊어지고, 머릿속에서는 수백 가지 시나리오가 떠오르며 마음을 더욱 무겁게 만들죠. '이 선택이 실패하면 어쩌지?', '다시 되돌릴 수 없으면 어떡하지?' 하는 생각이 머릿속을 가득 채우고, 그런 생각들이 우리를 움직이지 못하게 붙잡아 둡니다.

그리고 그 괴로움의 이면에는 단 하나의 감정이 있습니다. 바로 '두려움'. 두려움은 실수를 하지 않기 위한 방어기제로 작동하지만, 때로는 우리를 과도하게 움츠러들게 하며 아무런 시도조차 하지 못하게 만들기도 합니다. 현재를 고수하는 것이 더 안전하다는 착각 속에서 우리는 미래를 향해 나아가지 못하고 제자리를 맴도는 자신을 발견하게 됩니다. 하지만 정작 우리가 두려워하는 것은 실패 그 자체가 아니라, 실패 이후에 마주하게 될 상실감과 자기비난일지도 모릅니다.

하지만 생각해 보면, 우리는 한 번도 완전히 확실한 상태에서 어떤 결정을 내려본 적이 없습니다. 누구도 미래를 내다볼 수는 없기 때문입니다. 지금 이 글을 쓰는 저 역시, 의과대학 진학을 선택할 때, 정신건강의학과를 전공할 때, 지금의 병원을 열기로 결심할 때마다 늘 고민했고, 확신보다는 희망에 가까운 예감에 의지해 결정했습니다. 머리로 계산을 해도 답이 나오지 않을 때, 결국 제 마음속에서 울리는 미세한 떨림, 작지만 진실된 내면의 목소리에 귀 기울였던 것 같습니다. 그리고 그때마다 제게 가장 중요했던 질문은 '이 길을 가는 나 자신이 어떤 모습일까', '그 모습이 지금의 나보다 조금 더 건강하고 성숙해진 존재일까'였습니다. 그렇게 자신에게 질문을 던지고 또 던지며, 완벽하지 않지만 진정성 있는 결정을 해온 것 같습니다.

불확실함은 피할 수 없는 것이지만, 그 속에서도 내가 나답게 살아갈 수 있는지를 고민하는 것, 그것이 결국 우리 삶을 더 의미 있게 만들어 주는 질문이라고 믿습니다.

불확실함 속에서도 중심을 잡는 힘은, 아이러니하게도 미래에 대한 답이 아니라 '현재의 나'에 대한 이해에서 나옵니다. 내가 진짜 원하는 것은 무엇인지, 내가 진정으로 소중히 여기는 가치는 무엇인지, 그리고 이 결정이 나의 삶 전체에 어떤 의미를 더해줄 수 있을지를 곱씹어 보는 것. 그것이 불확실함 속에서도 자신을 잃지 않게 해주는 단단한 나침반이 되어줍니다.

의학적으로도 불확실성은 익숙한 주제입니다. 모든 검사가 명확한 답을 주는 것은 아니며, 어떤 치료가 어떤 사람에게 효과적일지 확신할 수 없는 경우도 많습니다. 정신건강 분야는 더욱 그렇습니다. 약을 쓰는 방식, 치료적 접근, 회복의 시간 등이 각 환자분이 살아온 발자취가 다른 것처럼 모두가 각기 다릅니다. 그래서 늘 조심스럽고 유연한 태도로 접근해야 합니다. 그리고 그 안에서 환자분이 자신만의 회복 곡선을 발견할 수 있도록, 확실한 답 대신 '함께 걸어가는 과정' 자체에 집중합니다.

삶의 대부분은 정답이 없는 문제들로 구성되어 있습니다. 그 문제들을 마주하며 살아가는 우리는, 결국 확실한 답을 찾는 것보다 더 중요한 기술을 익혀야 합니다. 그것은 바로, 불확실함과 공존하는 법입니다. 걱정이 올라올 때마다 '그럴 수도 있지' 하고 스스로를 다독이는 것, 마음속 불안을 억누르기보다 인정하고 받아들이는 것, 그리고 그럼에도 불구하고 내가 가고자 하는 방향으로 한 발 내딛는 용기. 그것이 삶을 살아내는 진짜 지혜입니다.

불확실한 시기일수록 오히려 일상의 작은 루틴이 큰 힘이 됩니다. 매일 정해진 시간에 일어나고, 가벼운 산책을 하고, 따뜻한 식사를 하고, 짧은 글이라도 써보는 것. 그런 작은 질서가 혼란 속에서 마음의 중심을 잡아줍니다. 무언가 거창한 변화를 시도하지 않아도, 반복되는 루틴은 삶에 안정감을 부여하고 내가 통제할 수 있는 작은 세계를 만들어 줍니다. 일상의 규칙적인 반복은 우리가 삶의 균형을 되찾기 위한 시작점이 됩니다. 정해진 시간에 눈을 뜨고, 커튼을 걷고, 찻잔에 따뜻한 물을 붓는 행위 자체가 심리적인 닻 역할을 합니다. 루틴은 감정의 급류 속에서도 우리가 무너지지 않도록 해주는 버팀목과도 같습니다.

또한, 루틴 속에 창조적인 요소나 나만의 기쁨을 더할 수 있다면 더욱 좋습니다. 매일 아침 간단한 명상이나 스트레칭을 추가하거나, 자신만을 위한 짧은 일기를 쓰는 것도 좋은 방법입니다. 저는 때때로 환자들에게 "아침에 차를 마시며 딱 3줄만 오늘의 감정을 적어보세요."라고 권유하곤 합니다. 이 짧은 습관이 마음을 정돈하고, 하루를 의식적으로 시작하게 만드는 데 큰 도움을 주기 때문입니다. 그리고 무엇보다 중요한 것은 현재를 살아가는 태도입니다. 아직 오지 않은 미래를 걱정하거나 이미 지나간 과거에 머무르기보다는, 지금 내가 할 수 있는 일에 집중하는 것, 아주 사소한 일이라도 그 순간에 진심을 담아 살아가는 것이 불확실한 시간 속에서도 삶을 굳건하게 지탱하는 가장 현실적이고 실천적인 방법입니다.

혹시 지금 불확실한 선택 앞에 서 있다면, 그 불안이 여러분만의 것이 아님을 기억해 주세요. 우리 모두는 그렇게 흔들리고, 멈칫거리며 길을 만들어 가는 중입니다. 완벽한 확신은 없더라도, 불완전한 선택을 존중하며 살아가는 법을 배운다면, 우리는 삶의 어느 지점에서든 다시 중심을 찾을 수 있을 것입니다.

끝내 삶은 정답이 아니라 '이야기'로 남는다고 생각합니다. 그리고 그 이야기를 어떤 태도로 써 내려가는지가 더 중요합니다. 불확실함 속에서도 오늘 하루를 충실히 살아낸 당신은, 이미 충분히 잘하고 계신 겁니다.

일상의
평범함이 주는
위대한 선물

 진료실 문을 닫고 병원을 나서는 어느 저녁, 문득 이런 생각이 들었습니다. '오늘 하루도 별일 없이 잘 지나갔다' 아마 예전의 저라면 그 사실을 조금은 무미건조하고 심심하게 느꼈을지도 모릅니다. 하지만 요즘은 그 말이 지닌 의미가 사뭇 다르게 다가옵니다. 별일 없다는 것, 그 자체가 얼마나 큰 선물인지 점점 더 절실히 느껴지는 나이가 되었기 때문일까요.

 사람들은 대개 특별한 날을 기억합니다. 입학식, 첫 출근, 결혼식, 승진 발표, 혹은 사랑하는 사람과의 이별처럼 인생의 굴곡을 만들어 낸 사건들이죠. 반면, 어제와 다를 바 없던 평범한 어느 하루는 흔히 기억의 저편으로 흘러가곤 합니다. 그러나 정신과 의사로서 오랜 시간 사람들의 삶을 들여다보며 느낀 것은, 인생을 지탱해 주는 진짜 힘은 오히려 그 아무것도 아닌 것 같은 '평범한 날들'에 있다는 사실이었습니다.

혹시 여러분은 크게 아팠던 적이 있으신가요? 저는 초등학교 2학년 시절 기절할 정도로 강한 복통으로 인해 교실에서 쓰러져 난생처음 구급차를 타봤습니다. 지금 생각하면 희미한 기억이지만, 그날의 혼란과 두려움은 여전히 마음 한편에 남아 있습니다. 삐용·삐용―사이렌 소리를 들으며 정신을 잃은 채 근처 대학병원으로 옮겨졌고, 의식을 되찾았을 때에는 어머니가 제 옆에서 손을 꼭 쥐고 계셨습니다. 이후 저는 충수돌기염과 복막염 수술을 일주일 간격으로 연달아 받았고, 총 두 달이라는 긴 시간을 병원에서 보내야 했습니다. 어린 저에게 병원 생활은 세상이 무너진 듯한 고통의 연속이었습니다. 주삿바늘과 링거 줄, 회진을 돌며 들려오는 의사 선생님의 목소리, 창문 너머로만 바라보던 친구들의 교실 풍경까지 모든 것이 낯설고 무서웠습니다. 무엇보다 침대에 누운 채 TV를 보다가도 문득문득 밀려오는 외로움과 불안이 참 힘들었습니다. 저는 그저 일찍 눈을 떠 화장실에 혼자 갈 수 있고, 아픈 배를 움켜쥐지 않아도 되며, 복도 끝 자판기에서 나오는 초코우유 하나를 기쁘게 마실 수 있는 그런 하루가 간절했습니다. 무엇보다 잊히지 않는 기억은, 병원 매점에서 파는 카스텔라 빵이었습니다. 아프기 전에는 그저 평범한 간식이었지만, 병상에 누워 있다 보니 그 빵 하나가 마치 세상에서 가장 맛있는 음식처럼 느껴졌습니다. 입원 기간 중 회복이 조금씩 되던 어느 날, 어머니가 조심스레 사다 주신 그 카스텔라 한 조각은 눈물겹도록 달고 따뜻했습니다. 평범한 일상이 얼마나 큰 행복이었는지를, 그때 처음 실감했던 것 같습니다. 그런 경험 덕분에 저는 지금도 병원에 오는 환자분들이 "그냥 아무 일 없는 하루가 소원이었어요."라고 말씀하시면, 그 말의 무게를 온전히 이해할 수 있습니다.

    이렇듯 우리가 당연하게 여기는 일상은 사실, 누군가에게는 오랜 시간 갈망해 온 회복의 목표일 수 있습니다. 특별한 것이 없어도 충분히 괜찮은 날, 바로 그 '평범함'의 가치를 발견하는 것은 삶에 대한 태도를 바꾸는 첫걸음이 됩니다. 어느새 우리 사회는 '평범함'보다는 '특별함'을 추구하도록 훈련되어 있습니다. 독특해야 하고, 눈에 띄어야 하며, 남들과는 다른 무언가를 가져야 한다는 조급함이 우리를 끊임없이 몰아세우죠. 그래서 평범한 자신이 못마땅해지고, 그 평범함을 벗어나기 위해 애를 쓰다 지쳐버리기도 합니다.

  문제는 그런 순간을 '의미 있게 느낄 수 있는 마음의 여유'가 우리 안에 있는가 하는 것입니다. 마음이 지쳐 있을 때, 삶이 너무 빠르게 돌아갈 때, 우리는 그 모든 작은 기쁨들을 스쳐 지나가 버리고 맙니다. 정신없이 하루를 보내고 나서야 비로소 '오늘 내가 무엇을 느꼈지?' 하고 묻게 되지만, 이미 지나가 버린 감정들은 손에 잡히지 않죠. 우리는 종종 너무 큰 의미만을 좇느라, 삶의 진짜 중심이 되어주는 순간들을 놓치곤 합니다.

  저는 요즘, 아내와 아이가 잠든 밤이면 거실에 불을 끄고 혼자 조용히 앉아 하루를 되짚어 보는 습관을 들이고 있습니다. 휴대폰을 멀리 두고 책을 읽거나, 가끔은 그저 불 꺼진 공간에 몸을 기대어 천천히 오늘을 돌아봅니다. 어떤 특별한 일이 있었는지보다, 그저 무탈하게 하루가 흘러간 것에 감사하는 마음을 가지려 노력합니다. 누군가의 사소한 친절, 진료 중 환자분과 눈이 마주치며 느꼈던 공감의 순간, 커피 한 잔을 마시며 잠시 쉰 10분의 시간, 그리고 아이가 잠자기 전 제 품에 안겨 있었던 짧은 시간까지. 그렇게 작은 기억들을 천천히 떠올리다 보면, 비로소 오늘 하루가 얼마나 단단하고 의미 있는 시간이었는지 느낄 수 있습니다. 그리고 이런 순간들은 다음 날을 조금 더 부드럽게 살아낼 수 있는 힘이 되어줍니다. 평범한 하루의 무게가 실은 얼마나 귀한 것인지를 마음에 새기며, 저는 오늘도 하루를 마무리합니다.

우리가 바라는 삶은 늘 거창하지 않아도 됩니다. 때로는 화려한 성취보다, 반복되는 일상이 주는 익숙함이 더 큰 안정감을 줍니다. 매일 먹는 밥이 지겹다고 느껴질 수도 있지만, 사실은 그 밥을 함께 나눌 사람이 있다는 것만으로도 감사할 이유가 됩니다.

물론 모든 날이 평온할 수는 없습니다. 때로는 예상치 못한 일로 마음이 흔들리고, 평범하던 일상이 갑작스레 부서져 버릴 때도 있습니다. 하지만 평범한 날의 가치에 감사하는 사람은, 그러한 위기 속에서도 다시 일어설 수 있는 힘을 갖게 됩니다. 왜냐하면 그는 이미 삶의 본질적인 지점을 알고 있기 때문입니다. '지금 여기에 있는 나', 그리고 '이 순간 함께하는 사람들'이야말로 인생에서 가장 소중한 가치임을 말입니다.

여러분의 오늘은 어땠나요? 특별한 일이 없었다면, 그것이야말로 가장 소중한 하루였을지도 모릅니다. 별일 없는 하루의 고요함, 익숙한 사람과의 따뜻한 대화, 하루를 마무리하며 잠시 혼자 있는 그 시간. 그런 평범한 날들이 모여, 어느덧 우리의 인생이라는 이야기를 가장 빛나게 만들어

주는 법입니다.

그러니 오늘 밤, 창밖의 조용한 어둠 속에서 이렇게 되뇌어 보면 어떨까요.

"오늘도 별일 없어서, 정말 다행이야."

4부

마음의
빈 공간을 채워준
작은 생명, 마틴이

정신과 의사로서 매일 다양한 삶의 무게와 마주하다 보면, 때로는 제 마음에도 예상치 못한 빈 공간이 생겨날 때가 있습니다. 수많은 감정의 파고를 함께 넘나들며 때로는 지치고, 때로는 저 자신도 모르게 마음의 온도가 조금씩 내려가는 것을 느끼기도 합니다. 그럴 때면 문득, 아주 사소하지만 강력한 온기를 전해주는 존재들의 소중함을 깨닫곤 합니다. 제게는 바로 '마틴이'라는 작은 고양이와의 만남이 그러했습니다. 이 장에서는 조금은 개인적인, 어쩌면 딱딱한 가운을 잠시 벗어두고 한 사람의 집사로서 느끼는 소소하지만 깊은 이야기를 나누고자 합니다. (네, 맞습니다. 저의 반

려모 자랑이 조금 섞여 있을지도 모릅니다.)

군 복무 시절, 경기도 동두천의 한 부대에서 군의관으로 지내던 때였습니다. 긴장과 규율이 일상이던 그곳에서, 저와 동료 군의관들에게 작은 위안을 주었던 존재들이 있었습니다. 바로 부대 안을 자유롭게 오가던 길고양이, 일명 '짬타이거'들이었죠. 장병들이 먹고 남은 음식을 받아먹으며 살아가는 이 작은 생명들은, 척박한 환경 속에서도 나름의 방식으로 끈질기게 생명을 이어가고 있었습니다. 그중에서도 유독 기억에 남는 어미 고양이 한 마리와 그녀의 새끼들이 있었습니다.

어느 날, 이 작은 짬타이거 가족에게 위기가 찾아왔습니다. 어디선가 나타난 덩치 큰 길고양이가 그들의 영역을 위협하기 시작했고, 설상가상으로 어미 고양이가 여덟 마리의 새끼를 출산한 것입니다. 작고 연약한 생명들이 세상의 빛을 본 기쁨도 잠시, 우리는 그 연약한 새끼들이 낯선 침입자의 위협에 무방비로 노출되어 있다는 불안감에 휩싸였습니다. 안타깝게도 그 불안은 현실이 되어, 새끼 고양이 한 마리가 차가운 주검으로 발견되었습니다. 길고양이들의 세계에서 영역 다툼은 때로 이토록 잔혹한 결과를 낳기도 한다는 사실을, 그때 처음으로 알았습니다.

가슴 아픈 현실 앞에서, 저는 무력감을 느꼈습니다. 하지만 그와 동시에, 이 작은 생명들에게 무언가 해줄 수 있는 일이 없을까 하는 간절함이 마음속에서 피어올랐습니다. 수많은 생명들이 태어나고 사라지는 것이 냉혹한 자연의 섭리라지만, 눈앞에서 스러져 가는 작은 생명을 그저 외면할 수만은 없었습니다. 마침 다른 부대로의 이동을 앞두고 있던 저는, 어쩌면 조금은 충동적이었을지 모르지만, 아주 중요한 결심을 하게 되었습니다. '한 마리라도, 내가 데려와 살려야겠다'

신기하게도, 그 결심이 채 며칠 지나지 않아 운명처럼 한 아기 고양이가 제 숙소까지 따라와 제 침대 위에서 잠이 드는, 믿기 어려운 일이 일어났습니다. 그 작은 존재와의 만남은 마치 제 마음속 빈 공간을 채우기 위해 찾아온 작은 천사처럼 느껴졌습니다. 고양이를 키워본 경험도, 제대로 된 준비도 되어 있지 않았지만, 망설일 이유는 없었습니다. 저는 즉시 인터넷으로 필요한 물품들을 주문하며 서툰 집사 생활을 시작했습니다. 그렇게 제 품에 안기게 된 작은 새끼 고양이에게, 저는 '마틴이'라는 이름을 붙여주었습니다.

입양 첫날, 마틴이는 태어나 처음으로 목욕을 했고, 혹시 모를 건강 이상을 확인하기 위해 동물병원을 찾았습니다. 수의사인 친구의 조언을 받아 직접 예방주사를 놓아주던 순간의 떨림은 아직도 생생합니다. 그 작은 몸짓 하나하나에 마음을 졸이며, 저는 서툴지만 진심을 다해 마틴이를 돌보았습니다.

얼마 지나지 않아, 이전 부대로부터 가슴 아픈 소식이 들려왔습니다. 마틴이의 형제들 몇몇이 그 위협적인 길고양이에게 희생되었다는 것이었습니다. 깊은 슬픔과 함께, 마틴이라도 이렇게 제 곁에 무사히 있을 수 있다는 사실에 안도감을 느꼈습니다. 어쩌면 이것은 단순한 우연이 아니라, 서로에게 필요한 존재가 되기 위한 필연적인 만남이었을지도 모른다는 생각을 했습니다.

마틴이는 새로운 환경에 놀랍도록 빠르게 적응했습니다. 처음에는 불린 사료조차 제대로 먹지 못해 아내와 번갈아 주사기로 분유를 먹여야 했고, 배변 훈련을 위해 우리가 직접 시범을 보이는 우스꽝스러운 장면을 연출하기도 했습니다. 하지만 마틴이는 타고난 영민함으로, 혹은 어쩌면 우리 부부의 간절한 마음을 알아챈 듯, 금세 모든 것을 익히고 저희 삶의 가장 중요한 일부가 되었습니다.

가끔 진료실에서 삶의 무게에 지친 분들의 이야기를 듣다 보면, 우리는 때로 아주 작은 존재로부터 예상치 못한 큰 위로와 힘을 얻는다는 사실을 새삼 깨닫곤 합니다. 마틴이와의 만남은 제게 그런 경험이었습니다. 복잡하고 때로는 냉정한 세상 속에서, 순수하고 조건 없는 사랑을 주는 작은 생명과의 교감은 메마른 마음에 단비처럼 스며들어 따뜻한 온기를 불어넣어 주었습니다.

  우리가 누군가에게 따뜻한 손길을 내밀 때, 그것은 단지 그 대상을 위한 것만이 아닐지도 모릅니다. 어쩌면 그 과정에서 우리 자신의 마음 역시 치유되고, 잊고 지냈던 순수한 감정들을 다시금 발견하게 되는 것인지도 모르겠습니다. 마틴이와의 이야기는 이제 시작입니다. 이 작은 생명이 제 삶에 어떤 의미로 자리 잡았는지, 그리고 그 경험을 통해 제가 얻은 소중한 깨달음은 무엇이었는지, 다음 이야기에서 조금 더 깊이 나누어 보겠습니다.

짬타이거 마틴이,
애착을 주는 귀한 존재

저는 '관계'의 중요성에 대해 자주 이야기합니다. 인간은 사회적 동물이며, 타인과의 건강한 관계를 통해 정서적 안정과 행복을 느끼기 때문입니다. 그런데 흥미롭게도, 이러한 관계의 원리는 비단 인간 사이에서만 통용되는 것은 아닌듯합니다. 말 못 하는 작은 동물과의 교감 역시 우리 마음에 깊은 울림과 변화를 가져다줄 수 있다는 것을, 저는 마틴이를 통해 매일같이 경험하고 있습니다.

어느덧 시간이 흘러, 제 손바닥보다 작았던 아기 마틴이는 무럭무럭 자라 중성화 수술을 받아야 할 시기가 되었습니다. 수의사 친구의 현실적인 조언에 마음은 아팠지만, 마틴이와 더불어 행복하게 살아가기 위한 불가피한 선택임을 알기에 무거운 발걸음으로 동물병원을 향했습니다. 병원에 도착하자마자 제게 매달려 어떻게든 자신의 '소중한 무엇'을 지키려 발버둥 치던 마틴이의 모습은, 마치 어린아이의 순수한 저항처럼 느껴져 안쓰러우면서도 웃음이 났습니다. 마취 주사 한 방에 스르르 잠이 든 마틴이의 작은 몸을 보며, 집사로서 느끼는 책임감과 애틋함이 교차했습니다.

수술 후 며칠간의 회복 기간을 거친 마틴이는, 마치 그동안 억눌렸던 식욕이라도 폭발한 듯 놀라운 먹성을 자랑하며 하루가 다르게 성장했습니다. 한때 인형 같던 아기 고양이의 모습은 온데간데없이, 늠름하고 위풍당당한, 때로는 '혹시 우리 마틴이가 작은 삵은 아닐까?' 하는 엉뚱한 상상을 하게 만들 정도로 거대한 고양이로 변신했습니다. 몸무게가 10kg에 육박하며 캣타워가 휘청거릴 정도였지만, 여전히 녀석은 창밖을 하염없이 바라보거나 제 뒤를 졸졸 따라다니며 애교를 부리는, 제게는 세상 무엇과도 바꿀 수 없는 소중한 가족입니다.

마틴이와 함께하는 일상은 잔잔하지만 확실한 행복으로 가득합니다. 아침 햇살 아래 몸단장을 하는 녀석의 모습을 가만히 바라보고 있노라면, 복잡했던 마음이 차분하게 가라앉는 것을 느낍니다. 밤늦게 글을 쓰고 있을 때면, 조용히 다가와 제 무릎에 기대 잠이 드는 마틴이의 따뜻한 온기는 그 어떤 위로보다 큰 힘이 되어줍니다.

 가끔 뉴스에서는 동물 학대와 관련된 가슴 아픈 소식들이 들려옵니다. 생명을 경시하고, 약한 존재에게 잔인함을 표출하는 이들의 이야기는 우리 사회의 어두운 단면을 보여주는 것 같아 마음이 무겁습니다. 모든 생명은 그 자체로 존중받을 가치가 있으며, 고통과 기쁨을 느끼는 소중한 존재라는 사실을 우리는 결코 잊어서는 안 됩니다. 동물을 대하는 태도는 곧 그 사회의 성숙도를 보여주는 거울과도 같다고 생각합니다.

 마틴이는 한때 길 위의 작은 짬타이거였습니다. 하지만 지금은 저희 부부에게 매일 웃음과 행복을 선물하는, 세상에서 가장 소중한 존재가 되었습니다. 마틴이 덕분에 저희는 오히려 더 큰 사랑과 행복을 배우고 경험하며 살아갑니다. 한 생명을 책임진다는 것은 때로 많은 노력과 인내를 필요로 하지만, 그 과정에서 얻는 기쁨과 보람은 그 무엇과도 비교할 수 없습니다.

 진료실에서 저는 종종 '애착'의 중요성에 대해 이야기합니다. 안정적인 애착 관계는 건강한 자아 발달의 토대가 되며, 삶의 어려움 속에서도 우리를 지탱해 주는 든든한 뿌리가 되어줍니다. 마틴이와의 관계를 통해, 저는 애착이라는 것이 반드시 인간 사이에서만 형성되는 것은 아니라는 것을 깨달았습니다. 서로 다른 존재이지만, 진심으로 마음을 나누고 서로에게 헌신할 때, 그 안에서 피어나는 유대감은 우리 삶을 더욱 풍요롭게 만들어 줍니다.

어쩌면 마틴이는 제게 '지금, 여기'의 소중함을 일깨워 주는 작은 스승일지도 모르겠습니다. 과거의 아픔이나 미래에 대한 불안보다는, 현재의 순간에 충실하며 온전히 살아가는 녀석의 모습을 보며, 저 또한 복잡한 생각들을 잠시 내려놓고 지금 이 순간의 행복에 집중하는 법을 배웁니다.

이 글을 읽는 여러분에게도 마틴이와 같은, 마음을 나눌 수 있는 특별한 존재가 있으신가요? 혹은 그런 존재를 기다리고 계신가요? 생명을 돌본다는 것은 큰 책임감을 동반하지만, 그 이상의 따뜻함과 기쁨을 우리에게 선물합니다. 인간과 동물이 서로를 존중하고 아끼며 함께 살아가는 세상, 그것이 바로 제가 꿈꾸는 아름다운 공동체의 모습입니다. 마틴이의 이야기가 여러분의 마음에 작은 온기를 전하고, 우리 주변의 모든 생명에 대한 따뜻한 관심과 사랑으로 이어지기를 진심으로 바라봅니다. 그 안에서 우리는 분명 더욱 깊은 행복과 삶의 의미를 발견할 수 있을 것입니다.

낯선 길목에서의 설렘과 마음의 지도를 넓히는 탐험의 가치

새로운 취미나 관심사를 이야기할 때, 때로는 주변의 시선이 조금은 의아하게 느껴질 때도 있습니다. 어쩌면 직업이 주는 정적인 이미지 때문일까요? 골프채를 잡고 서툰 스윙을 하거나, 서핑보드 위에서 중심을 잡으려 애쓰는 제 모습을 보며 "참 여러 가지를 하시는군요."라며 신기해하는 분들도 계십니다. 그런 반응 속에서 다양한 감정의 결을 읽곤 합니다.

솔직히 고백하자면, 제가 전문가 수준으로 마스터한 분야는 아직 없습니다. 그저 '경험 수집가'처럼 이것저것 기웃거리며 삶의 다양한 맛을 보고 있을 뿐이죠. 하지만 이

'기웃거림'의 가치는 정말 대단하다고 생각합니다. 새로운 경험은 굳어진 생각의 틀을 깨고, 세상을 바라보는 새로운 창을 열어줍니다. 이는 마치 상담 과정에서 내담자가 자신의 익숙한 고통에서 벗어나 새로운 관점과 가능성을 발견하는 과정과도 닮아 있습니다. 우리 마음은 탐험을 통해 성장하고, 낯선 길목에서 예기치 못한 설렘과 기쁨을 만나기도 하니까요.

어릴 적부터 저는 호기심이 왕성했습니다. 세상은 온통 신기한 것들로 가득했고, 저는 그 모든 것을 직접 만져보고 느껴봐야 직성이 풀리는 아이였죠. 물론 그 과정에서 넘어지고 깨지는 일도 부지기수였습니다. 하지만 그런 크고 작은 실패의 경험들이 오히려 저를 더욱 단단하게 만들었고, 다양한 상황에 유연하게 대처하는 법을 가르쳐 주었습니다. 정신의학에서 이야기하는 '회복탄력성(resilience)'이란, 어쩌면 이러한 도전과 실패, 그리고 그것을 딛고 일어서는 경험 속에서 길러지는 마음의 근육일지도 모릅니다.

요즘 젊은 세대들은 과거와 달리 '평생직장'이라는 개념보다는, 다양한 경험을 통해 자신만의 길을 찾아가려는 경향이 강합니다. 이는 어쩌면 불확실한 미래에 대한 불안감의 또 다른 표현일 수도 있지만, 동시에 자신을 탐색하고 발전시키려는 건강한 욕구의 발현이기도 합니다. 다양한 경험은 개인의 정체성을 풍부하게 하고, 삶의 여러 문제에 대처할 수 있는 심리적 자원을 넓혀주기 때문입니다.

"일단 한번 해보는 거야, 밑져야 본전이지!"

제가 종종 스스로에게, 그리고 때로는 진료실을 찾는 분들에게 건네는 말입니다. 완벽하게 준비될 때까지 기다리기보다는, 일단 한 걸음 내디뎌 보는 용기가 중요합니다. 설령 그 결과가 기대에 미치지 못하더라도, 그 과정에서 얻는 깨달음과 성장은 결코 헛되지 않습니다. 과거의 후회나 미래의 불안에 얽매이기보다는, 현재의 경험에 온전히 몰입할 때 우리는 진정한 자기 자신과 만날 수 있습니다. 새로운 취미나 도전 역시 마찬가지입니다. 그 순간에 집중하며 즐거움을 느끼는 것, 그것이 바로 마음의 에너지를 충전하는 길입니다.

환자분들이 마음의 병을 극복하고 건강한 삶을 되찾기 위해서는, 익숙하지만 고통스러운 과거의 패턴에서 벗어나 새로운 행동과 생각을 시도하는 용기가 필요합니다. 마치 제가 새로운 취미를 통해 삶의 활력을 얻듯, 그분들도 작은 변화를 통해 삶의 의미와 즐거움을 되찾을 수 있습니다. 물론, 모든 사람이 한 가지 목표만을 향해 달려가야 하는 것은 아닙니다. 때로는 정체된 듯 보이는 시간, 혹은 옆길로 새는듯한 경험이 오히려 삶의 중요한 전환점이 되기도 합니다. 중요한 것은 그 과정에서 자신을 잃지 않고, 끊임없이 배우고 성장하려는 마음가짐입니다.

최근 뉴스에서 한 젊은 사업가의 이야기가 깊은 인상을 남겼습니다. 그는 기존의 성공 방식에 얽매이지 않고, 끊임없이 새로운 아이디어를 시도하며 자신만의 길을 개척해 나가고 있었습니다. 그의 이야기를 통해 저는 다시 한번 깨달았습니다. 성공의 길은 하나가 아니며, 때로는 낯설고 위험해 보이는 길이 오히려 우리를 더 큰 세상으로 이끌어 준다는 것을요.

인생이라는 여정에는 정해진 답이 없습니다. 누군가는 한 분야의 깊이를 탐구하며 전문가가 되고, 누군가는 다양한 경험을 통해 삶의 폭을 넓힙니다. 중요한 것은 어떤 길을 선택하든, 그 안에서 자신만의 의미와 기쁨을 찾는 것입니다. 다양한 삶의 빛깔을 존중하며, 각자의 마음 지도를 아름답게 그려나갈 수 있는 힘을 키우는 게 우리의 몫인 것이죠.

혹시 지금, 너무 많은 관심사 사이에서 길을 잃은듯한 기분이 드나요? 괜찮습니다. 그것은 마음이 그만큼 풍요롭고, 새로운 가능성을 향해 열려 있다는 증거입니다. 다양한 경험 속에서 분명 자신만의 특별한 색깔을 발견하게 될 것입니다. 망설이지 마세요. 마음이 이끄는 낯선 길목으로 용감하게 걸어가 보세요. 그곳에서 분명 이전에는 미처 알지 못했던, 반짝이는 자신과 마주하게 될 것입니다. 정신의학에서 '자기실현(self-actualization)'이라는 개념이 있습니다. 이는 개인이 자신의 잠재력을 최대한 발휘하여 온전한 자기 자신을 이루어 가는 과정을 의미합니다. 어쩌면 다양한 경험을 향한 여러분의 이끌림은, 바로 이 자기실현을 향한 자연스러운 과정일지도 모릅니다.

넘어진 자리마다
피어나는 꽃:
에어비앤비 도전기

제 아내는 제가 새로운 사업 아이템 이야기를 꺼낼 때마다, 특유의 걱정스러운 눈빛으로 저를 바라보곤 합니다. 네, 저는 때때로 현실 감각 제로에 가까운 엉뚱한 아이디어에 매료되어 밤새 사업 계획서를 작성하고, 결국에는 유쾌한 실패담을 하나 더 추가하는, 조금은 특별한 취미를 가진 정신과 의사입니다. "성공 신화는 없어도, 실패담만큼은 풍년이다!"라고 너스레를 떨곤 하죠.

2017년 어느 추운 겨울날, 오랜만에 강남역 근처 횟집에서 만난 중학교 동창 녀석이 불쑥 제게 물었습니다. "야, 네 진짜 꿈은 뭐야?" 마치 고수를 닮은 수려한 외모의 그 친구는, 깊고 큰 눈을 반짝이며 세상 모든 고민을 짊어진 듯 우수에 찬 눈빛으로 저를 바라보았습니다. 뜬금없는 질문이었지만, 그 진지함은 옆 테이블의 소란마저 잠재울 만큼 묘한 기시감을 안겨주었죠. 잠시 머뭇거리던 친구는 조심스레 말을 이었습니다.

"사실… 내가 꽤 오래전부터 생각해 온 게 있는데… 에어비앤비 같은 거 한번 해보면 어떨까 싶어서."

당시만 해도 에어비앤비는 지금처럼 대중적이지 않았고, 저는 이용 경험조차 없었습니다. 하지만 친구의 이야기는 왠지 모르게 제 호기심을 자극했습니다.

"괜찮은 장소를 구해서 예쁘게 꾸민 다음, 외국인 관광객들에게 빌려주는 거야. '피터팬의 좋은 방 구하기' 같은 사이트를 보니까 수요도 꽤 있는 것 같아."

친구의 반짝이는 아이디어에 저도 모르게 빠져들었고, 다음 날 바로 "같이해 보자!" 하고 덜컥 약속을 해버렸습니다. 마치 새로운 모험을 앞둔 탐험가처럼 가슴이 뛰었죠.

몇 주 동안 저희는 주요 관광지의 유동인구와 숙박 현황을 나름대로 분석하고, 이태원, 홍대, 경리단길 등지를 직접 발로 뛰며 매물을 찾아다녔습니다. 예산은 빠듯했지만 열정만큼은 넘쳐났죠. 그러다 이태원 클럽 골목 근처, 빈티지한 초록색 방문이 매력적인 3층 단독주택에 마음을 빼앗겼습니다. 기존 주인의 감각적인 인테리어 덕분에 약간의 소품만 준비하면 바로 영업을 시작해도 될 정도였죠. 하지만 저희보다 한 시간 먼저 그 집을 본 다른 사람에게 계약 우선권이 넘어가 버렸습니다. 아마도 저희가 에어비앤비 운영 계획을 솔직히 말했을 때, 집주인께서 약간 망설이셨던 것이 이유가 아니었을까 하는 아쉬움이 남았습니다. 첫 번째 꿈은 그렇게 잠시 좌절되었지만, 저희 마음속 열정의 불씨는 더욱 활활 타올랐습니다.

포기하지 않고 다시 발품을 판 끝에, 저희는 상수동 골목 안쪽에 자리한 아담한 2층 단독주택을 비슷한 가격에 구할 수 있었습니다. 방 세 개에 작은 베란다까지 딸린, 조금은 독특한 구조의 낡은 집이었죠. 저희는 과감하게 전체 리모델링을 결정했습니다. 인테리어 경험이라고는 전무했기에, 인터넷 카페에서 다른 사람들의 경험담을 눈팅으로 익히고, 곧장 을지로 방산시장으로 향했습니다. 레일 조명과 페인트, 각종 공구를 구입하고, 온라인과 오프라인을 넘나들며 러그, 가전제품, 블루투스 스피커 등 필요한 물품들을 꼼꼼히 리스트 업 했습니다. 빠듯한 예산 내에서 가장 아늑하고 예쁜 집을 만들기 위해, 난생처음 전동 드릴을 손에 들고 직접 팔을 걷어붙였습니다.

칙칙했던 2층 계단에 우리의 손길로 빈티지한 색감을 입했습니다. 페인트 냄새와 땀 냄새가 뒤섞인 그곳에서, 저희는 단순한 작업을 넘어 꿈을 칠하고 있었습니다. 무더운 여름날, 베란다에서 땀을 뻘뻘 흘리며 페인트칠에 열중하는 친구의 모습은 그 자체로 하나의 예술 작품 같았습니다. 서로의 지친 어깨를 다독이며, 저희는 조금씩 공간에 생기를 불어넣었습니다. 처음 집 안은 그야말로 '대환장 파티' 현장이었습니다. 기존에 있던 낡은 물품들과 여기저기서 중고로 사 모은 가구들이 한데 뒤섞여 발 디딜 틈조차 없었죠. "두껍아, 두껍아, 헌 집 줄게, 새집 다오~!" 노래를 흥얼거렸지만, 현실의 두꺼비는 바로 저희 자신이었습니다.

낡은 방문과 계단, 창틀 구석구석 페인트를 칠하고, 천장에는 직접 레일 조명을 설치했습니다. 나름 고심해서 고른 아기자기한 인테리어 소품들로 공간을 채워나갔습니다. 한여름 좁은 공간에서 땀을 뻘뻘 흘리는 육체적인 고됨도, 생전 처음 우리 손으로 무언가를 창조해 낸다는 뿌듯함과 설렘, 그리고 무엇보다 가장 친한 친구와 함께 꿈을 만들어 간다는 즐거움 앞에서는 아무것도 아니었습니다.

그렇게 우여곡절 끝에 완성된, 저희의 피와 땀과 눈물이 서린 첫 번째 에어비앤비 숙소는 기대 이상이었습니다. 미적 감각이 뛰어났던 친구의 센스 덕분에 아늑하고 감성적인 공간으로 재탄생했죠. 특별한 홍보 없이도 숙소는 금세

입소문을 탔고, '슈퍼 호스트'가 되는 데는 그리 오랜 시간이 걸리지 않았습니다. 특히 홍익대학교 근처라는 지리적 이점 덕분에 교환학생들의 장기 투숙 문의가 많았고, 몇 달 치 예약이 미리 마감될 정도로 인기가 좋았습니다. 비록 큰돈을 번 것은 아니었지만, 쏠쏠한 용돈벌이와 함께 새로운 경험을 쌓는 재미에 푹 빠져 지냈습니다.

이 성공 아닌 성공에 고무된 저희는 '딱 에어비앤비 10개만 더 하자!'는 야심 찬 포부를 품고 곧바로 두 번째 숙소 물색에 나섰습니다. 두 번째 집은 기존 인테리어가 어느 정도 괜찮았지만, 마당에 인조 잔디를 깔고 외부 담벼락에 조명을 설치하는 작업이 만만치 않았습니다. 건장한 남자 둘이 끙끙대며 작업한 결과, 첫 번째 숙소와는 또 다른 매력을 가진 공간이 탄생했습니다. 두 개의 에어비앤비 숙소를 운영하며 저희는 정말 다채로운 경험을 했습니다. 제가 직접 운영하는 숙소가 서울 시내에 있다는 사실만으로도 뿌듯했고, 숙소가 비는 날에는 친구들을 초대해 파티를 열거나 조촐한 우리만의 아지트로 활용하는 즐거움도 컸습니다. 그렇게 열 번째 숙소를 향해 나아가던 꿈은, 안타깝게도 저희 각자의 본업이 바빠지고 전 세계를 강타한 '코로나 19'라는 악재를 만나 약간의 권리금만을 받고 사업을 접는 것으로 마무리되었습니다. "네 꿈은 뭐야?"라는 친구의 낭

만적인 질문에서 시작된 저희의 도전. 비록 열 번째 숙소까지 확장하겠다는 꿈은 이루지 못했지만, '그래도 한번 해봤다'는 그 소중한 경험은, 제 마음속에 무엇과도 바꿀 수 없는 가치 있는 자산으로 남아 있습니다.

저는 진료실에서 매일 다양한 삶의 무게와 상처를 마주합니다. 깊은 절망의 늪에서 허우적거리거나, 과거의 트라우마에 발목 잡혀 앞으로 나아가지 못하는 분들의 이야기를 들으며, 그분들이 다시 일어설 수 있도록 돕는 것이 제 역할입니다. 하지만 저 역시 완벽한 존재가 아니기에, 때로는 실수하고 넘어지며 길을 잃기도 합니다. 중요한 것은 넘어진 그 자리에 주저앉아 좌절하는 것이 아니라, 툭툭 털고 일어나 다시 걸어갈 힘을 내는 것이겠지요. 정신의학에서는 이러한 과정을 '애도 작업(grief work)' 또는 '트라우마 후 성장(post-traumatic growth)'이라고 부르기도 합니다. 실패나 상실의 경험을 충분히 슬퍼하고 받아들이는 과정을 통해, 우리는 오히려 이전보다 더욱 성숙하고 강인한 존재로 거듭날 수 있습니다.

"실패는 성공의 어머니"라는 진부한 격언 속에, 실은 깊은 심리학적 통찰이 담겨 있습니다. 실패는 우리에게 자신의 한계와 부족함을 직시하게 하고, 새로운 전략과 지혜를 배우게 하며, 궁극적으로는 더욱 단단한 자아를 구축하도록 돕습니다. 마치 어린아이가 수없이 넘어지고 나서야 비로소 능숙하게 걷게 되는 것처럼, 실패는 성장을 위한 필수적인 과정입니다. 저의 엉뚱하고 유쾌한 사업 도전기들은 어쩌면 타인의 눈에는 한심한 실패담으로 보일지 모르지만, 그 실패의 경험들은 제 삶의 중요한 자양분이 되어 저를 한 뼘 더 성장시켰다고 믿습니다.

진료실에서 만나는 많은 분들이 과거의 실패 경험이라는 그림자에 갇혀 괴로워합니다. '그때 만약 다른 선택을 했더라면…', "'내가 왜 그런 어리석은 결정을 내렸을까…' 하며 끊임없이 과거를 곱씹고 자신을 책망합니다. 그럴 때 저는 조심스럽게, 하지만 단호하게 말씀드립니다.

"괜찮습니다. 그럴 수 있습니다. 하지만 그 실패가 존재의 가치를 결정짓는 것은 결코 아닙니다."

우리는 모두 불완전하기에 실수하고 넘어지지만, 그 불완전함이야말로 우리를 인간적으로 만드는 특별한 매력일지도 모릅니다.

우리는 실패의 경험을 통해 '자기 자비(self-compassion)'를 배울 수 있습니다. 자기 자비란, 자신에게 친절하고, 자신의 고통을 이해하며, 실패를 인간적인 경험의 일부로 받아들이는 태도입니다. 이는 마치 힘든 시기를 겪는 친구에게 따뜻한 위로와 격려를 건네듯, 자기 자신에게도 동일한 연민과 이해를 보내는 것입니다. 이러한 자기 자비는 실패로 인한 부정적인 감정에서 벗어나 다시 일어설 수 있는 힘을 줍니다.

혹시 지금, 과거의 쓰라린 실패 때문에 깊은 좌절감에 빠져 계신가요? 혹은 새로운 도전을 앞두고 실패에 대한 두려움 때문에 망설이고 계신가요? 괜찮습니다. 넘어져도 다시 일어서면 됩니다. 제가 매일 목격하는 수많은 마음의 상처들이 결국에는 아름다운 치유의 꽃으로 피어나듯, 실패 경험 또한 강하고 지혜로운 사람으로 만들어 줄 것입니다. 용기를 내세요. 모든 도전과 그 안에서 피어날 아름다운 성장을, 이 세상 누구보다 따뜻한 마음으로 응원하겠습니다. 넘어진 그 자리마다, 여러분의 노력과 눈물을 기억하는 예쁜 꽃이 피어날 테니까요.

잦은 이사와 전학, 그 시절 나의 생존기

　제 인생을 돌이켜 보면, 저처럼 학교를 여러 번 옮겨 다닌 사람이 또 있을까 싶을 정도로 잦은 이사와 전학을 경험했습니다.

　결론부터 말씀드리자면, 저는 초등학교는 네 군데, 중학교는 두 군데, 그리고 고등학교도 두 군데를 다녔습니다. (그나마 다행히도 대학교는 한 군데만 다녔습니다.) 보통의 경우, 이사를 가더라도 아이들의 학교 문제 때문에 학군을 쉽게 옮기지 않는 것이 일반적일 텐데, 저희 집안 사정은 조금 남달랐습니다. 서울에서 태어나 친가와 외가가 모두 있던 경기도의 한 소도시에서 유년 시절을 보낸 후, 저는 초등학교

3학년이 되던 해에 당시 신도시로 막 개발되던 분당으로 거처를 옮기게 되었습니다. 저희 형제의 보다 나은 교육 환경을 위해, 교육열이 남달리 높으셨던 부모님께서 과감하게 내리신 결정이었습니다.

당시 어린 저는, 전학 간 첫날부터 뭐가 그리 신이 났는지, 아직 이삿짐 정리도 채 끝나지 않은 좁은 집에 같은 반 친구들을 세 명씩이나 데려와서 시간 가는 줄 모르고 신나게 놀았습니다. 어머니의 입장에서는 아직 집 안팎이 어수선한 상황에 불쑥 친구들까지 데리고 온 아들 녀석의 모습이 적잖이 당황스러우셨을 법도 한데, 새로운 환경에 생각보다 빠르게 적응하는 제 모습에 오히려 흐뭇한 미소를 지어 보이셨던 기억이 납니다. 그때는 어쩜 그렇게 1년이라는 시간이 천천히 흘러갔는지, 참으로 즐겁고 행복했던 기억들이 많습니다. 분당 수내동에 있던 중앙공원에서 친구들과 함께 롤러블레이드를 타며 바람을 가르던 기억, 아파트 단지 내 공터에서 해 질 녘까지 발야구를 하며 깔깔대던 기억들. 특히 겨울이면, 발밑에서 느껴지는 '뽀드득, 뽀드득' 눈 밟는 소리가 너무 좋아서, 일부러 눈이 하얗게 덮인 아스팔트 위를 소복소복 소리 내어 걷곤 했습니다. 방과 후 수업 시간에는 처음으로 컴퓨터를 배우고, 난생처음 납땜질이라는 신기한 경험을 하면서 아주 잠깐이나마 과학자를 꿈꾸기도 했습니다. 그때의 저는 특별히 공부를 잘하지는 않았고, 부모님께서도 성적에 대해서는 크게 무어라 말씀하시지는 않으셨던 것 같습니다.

그리고 4학년이 되던 해, 당시 매일 편도 2시간이 넘게 걸리는 아버지의 고된 출퇴근길 압박으로 인해, 저희 가족은 또다시 충청남도 천안으로 이사를 가게 되었습니다. 그때는 전혀 알지 못했는데, 최근에 우연히 지도를 보니 저희가 살았던 곳이 바로 천안에서 제일 학군이 좋다는 불당동이었습니다. (아마도 부모님께서는 잦은 이사를 다니시면서도, 항상 저희 형제의 교육 환경을 최우선으로 고려하셨던 것이 아닌가 하는 생각에, 새삼 가슴 뭉클한 감사함이 밀려옵니다.) 천안에서의 학교생활은 그야말로 행복, 그 자체였습니다. 제가 전학을 간 초등학교는, 저희 형이 바로 그 학교의 제1회 졸업생이 된, 그야말로 새삥(?) 학교였습니다. 그래서인지 반 친구들 모두가 서로 처음 보는 얼굴들이라, 제가 딱히 '전학생'이라는 느낌도 거의 없었습니다. 모두가 마치 오래전부터 알고 지낸 친구들처럼 아주 빠른 시간 안에 스스럼없이 친해졌습니다. 특히 그 시절 대한민국을 강타했던 블리자드 엔터테인먼트의 희대의 역작, 〈스타크래프트〉와 〈디아블로2〉 덕분에, 저희는 시간 가는 줄 모르고 게임의 세계에 푹 빠져 친구들과 신나게 어울릴 수 있었습니다. 그리고 5학년 때는,

태어나서 처음으로 첫사랑이라는 설레는 경험도 해보았습니다. 비록 몇 개월 동안 사귀면서 제대로 눈도 한번 못 마주치고 손도 잡아보지 못한, 그야말로 순수하고 풋풋한 연애였지만 말입니다. 이토록 행복하기만 했던 천안에서의 학교생활은, 안타깝게도 6학년 1학기를 마지막으로 막을 내리고, 저희 가족은 또다시 분당으로 이사를 가게 되었습니다.

다시 돌아온 분당에서의 전학 첫날은, 아직도 제 기억 속에 생생하게 남아 있습니다. 마냥 순수하고 착하기만 했던 천안 친구들과는 달리, 교실 안은 아이들의 거침없는 욕설과 험한 말들이 마치 당연하다는 듯이 난무하는, 다소 낯설고 험악한(?) 분위기였습니다. 가끔은 불쾌한 기분이 들 때도 있었고, 괜히 긴장될 때도 있었지만, 다행히 그곳에서도 마음이 잘 맞는 좋은 친구들을 만나 한 학기를 무사히 마치고 졸업할 수 있었습니다.

저의 중학교 시절은, 그야말로 친구들을 정말 많이 사귀었던 시기였습니다. 새로운 친구들과 어울려 다니며 온갖 종류의 장난과 말썽은 다 피우고 다녔던 것 같습니다. 거의 매시간 선생님들께 혼나는 것이 일상이었지만, 그래도 친구들과 함께 웃고 떠드는 시간은 언제나 행복했습니다. 하지만 그토록 즐거웠던 중학교 생활도, 아버지가 해외 주재

원으로서 베트남으로 발령을 받으시면서, 중학교 2학년 1학기를 마치고 온 가족이 함께 떠나기 전까지의 짧은 시간이 전부였습니다.

이렇게 수없이 반복된 이사와 전학을 경험하면서, 저는 과연 어떻게 그 각각의 새로운 환경에 그럭저럭 잘 적응할 수 있었을까요?

지금 돌이켜 생각해 보면, 저는 어쩌면 '전학'이라는 상황 자체를 일종의 '새로운 모험'이라고 생각했던 것 같습니다. 어차피 피할 수 없는 새로운 모험이라면, 차라리 즐기자는 식의 다소 무모하지만 긍정적인 마인드를 억지로라도 탑재했던 것이, 낯선 환경에서 새로운 얼굴들을 끊임없이 만나야 했던 저만의 생존 본능이었으리라 짐작해 봅니다. 저는 새로운 지역에서 다양한 배경을 가진 여러 친구들을 사귀게 되는 것을 큰 행운이라고 여겼고, 그렇게 넓혀간 저만의 인맥에 대해 나름의 자부심도 가지고 있었습니다. 전학 첫 날에는 항상 '첫인상이 중요하다'는 생각에, 혹시라도 다른 아이들에게 얕보이지 않을까 하는 걱정으로 최대한 허점을 보이지 않으려고 잔뜩 긴장하고 애를 쓰기도 했습니다. 처음에 한번 무시당하기 시작하면, 그대로 이미지가 굳어져 학교생활이 힘들어질 수도 있다는 생각에, 어떻게든 실수하지 않고 새로운 분위기에 자연스럽게 스며들기 위해 나름대로 정말 열심히 노력했던 것입니다. 그리고 때로는 조금 부족하거나 힘겨워하는 친구들을 먼저 챙기고 도와주는 제 모습을 보고, 다른 친구들이 저에게 호감을 보이는 경우도 있었습니다. 누가 특별히 가르쳐 줘서 그렇게 했던 것이 아니라, 아마도 수많은 시행착오와 경험을 통해 본능적으로 터득하게 된 저만의 생활방식이었을 겁니다.

어찌 보면, 저에게 수차례의 이사와 전학은 나름대로 꽤나 흥미진진하고 재미있는 여행과도 같았습니다. 다음에 이사 갈 지역이나 살게 될 집에 대해 부모님께 이것저것 여쭤보기도 하고, 부동산 브로슈어에 나와 있는 새집의 멋진 조감도와 아기자기한 평면도를 구경하면서 새로운 집에 대한 부푼 기대감을 키웠던 기억도 어렴풋이 납니다. 사실 저희 집은 중산층 가정으로 그리 부유한 편이 아니었기에, 어쩌면 낡고 좁은 집을 벗어나 조금이라도 더 넓고 깨끗한 새집으로 이사 갔으면 하는 소박한 바람이 더 컸었는지도 모르겠습니다. 현실적인 경제적 한계와 아버지의 근무지 문제 및 저희 형제의 교육 문제 사이에서 끊임없이 고민하시며, 마치 현대판 '맹모삼천지교'를 몸소 실천하신 우리 부모님의 그 깊은 헌신과 사랑에, 이 자리를 빌려 다시 한번 진심으로 깊은 존경과 감사의 말씀을 전하고 싶습니다. 덕분에 저는 어린 시절부터 자연스럽게 '부동산'이라는 개념에도 큰 거부감을 갖지 않게 되었고, 정말 다양한 개성과 배경을 가진 수많은 사람들을 만날 수 있었습니다. 어쩌면 이러한 특별한 경험들이, 훗날 제가 타인의 복잡하고 다양한 상황에 보다 더 깊이 공감하고 진심으로 이해할 수 있는 정신과 의사로서의 중요한 자질을 쌓아준 것이 아닐까 하는 생각도 조심스럽게 해봅니다.

세상의 모든 일에는 항상 밝은 면과 어두운 면, 즉 장점과 단점이 함께 존재합니다. 잦은 이사로 인해 여러 차례 전학을 다니면서 힘든 점도 분명 많았지만, 제 힘으로는 도저히 바꿀 수 없었던 그 불가항력적인 상황 속에서 어떻게든 긍정적인 부분을 찾으려고 애썼던 그 모든 노력들은, 제 안에 소중한 자양분으로 남아 지금의 저를 이루는 중요한 부분이 되었습니다. 저의 다소 파란만장했던 학창 시절의 이사 경험은, 제가 앞으로 인생을 살아갈 때 웬만한 어려움 앞에서도 좌절하지 않고 가급적 긍정적으로 생각하려고 노력하는 저의 기본적인 가치관 형성에도 분명 큰 영향을 끼쳤음에 틀림없습니다.

지금 이 순간에도, 경제적인 이유 혹은 직장이나 자녀의 교육 문제 등 저마다의 다양한 연유로 인해 어쩔 수 없이 잦은 이사와 전학을 경험하고 계시는 많은 분들이 있으리라 생각합니다. 새로운 환경에 적응해야 한다는 것은, 누구에게나 여러모로 불안하고 두려운 마음이 드는 것이 오히려 당연한 일입니다. 하지만 그 어떤 상황에 처하더라도, 부디 자기 자신을 굳게 믿고 가슴을 활짝 편 채 용기를 내어, 여러분이 새롭게 발을 내딛는 그 공간의 당당한 주인공이 되실 수 있기를 진심으로 응원하고 바라봅니다.

내 학창 시절의
추억 한 페이지, 베트남

쾅. 쾅. 쾅.
"야, 빨리 문 열어! 네가 제일 좋아하는 뿌셔뿌셔 과자 가져왔다고!"

중학교 2학년, 낯선 베트남 땅에서의 여름방학. 복도식 아파트에서 제가 처음 마주친 또래 한국 남자아이의 다급하고도 우렁찬 목소리였습니다. 하노이에 살고 있던 그 아이는, 난생처음 보는 저희 가족을 향해 호기심 반, 어색함 반이 뒤섞인 눈빛으로 힐끔힐끔 살피면서도, 정작 엉뚱하게 다른 집 현관문을 세차게 두드리고 있었습니다. 한 손에는 그 시절 최고의 인기 간식이었던 라면 과자를 소중하게

든 채로 말이죠.

'쟤는 도대체 누굴까? 딱 봐도 나랑 비슷한 또래 같은데…'

저는 어리둥절한 표정의 그 아이를 슬쩍 지나쳐, 약 10미터 정도 더 걸어 저희 집으로 들어왔습니다.

제 중학교 시절을 돌이켜 보면, 저는 정말이지 못 말리는 개구쟁이였습니다. 학창 시절 내내 ADHD 진단을 내리기에 전혀 부족함이 없을 정도로, 저는 늘 산만하고 시끄러웠으며 장난기가 넘쳐흐르는 아이였습니다. 친구들과 매일같이 웃고 떠들며 정신없이 지내오던 평범한 중학생 시절, 저희 아버지께서 당시에는 다소 생소하게 들렸던 '해외 주재원'이라는 이름으로 머나먼 베트남의 수도 하노이에서 근무하게 되셨습니다. 처음에는 아버지 혼자 먼저 떠나셨지만, 몇 개월 뒤에는 결국 저희 나머지 가족들 모두 아버지의 뒤를 따라 베트남으로 향하게 되었습니다.

지금으로부터 약 20여 년 전의 베트남은, 지금처럼 한국인이 아주 많지는 않았습니다. 저희 형제가 다니게 될 국제학교 역시, 수도인 하노이에 단 두 곳뿐이었습니다. 하나는 UN 국제기구 산하에서 직접 관리 및 운영되는 UN 국제학교(UNIS Hanoi, 전 세계에 미국 뉴욕 캠퍼스를 포함하여 단 두 곳밖에 없다고 합니다.)였고, 다른 하나는 하노이 국제학교(HIS)였습니다. 요즘은 어떤지 잘 모르겠지만, 당시에는 UNIS가 조금 더 명망 있고 인기가 많은 학교였기에, 입학 요건 또한 상당히 까다로워서 영어 실력이 부족하면 들어가기가 매우 힘든 곳으로 알려져 있었습니다. 저는 하노이에 도착하자마자, 마치 벼락치기 시험공부를 하듯 급하게 입학시험 대비를 위한 영어 과외를 두 달 동안 정말 죽어라(?) 하고 받은 끝에, 겨우 턱걸이로 합격 통지서를 받을 수 있었습니다. UNIS는 미국 학교의 학사 일정을 따라가기 때문에, 우리나라 기준으로 가을인 2학기에 새로운 학년이 시작됩니다. 그 말인즉슨, 기존 학년보다 반 학년을 낮춰서 입학하거나, 혹은 반대로 월반을 하거나 둘 중 하나를 선택해야 했는데, 저는 당연히(?) 전자였습니다. 그렇게 학교에 처음 가보니, 저와 동갑인 한국 친구들이 모두 제 바로 위 학년에 버젓이 포진해 있었습니다. 적잖은 좌절감을 느끼던 바로 그 순간, 제 눈앞에 운명처럼 나타난 것이 바로 그 '뿌셔뿌셔 맨'이었던 것입니다.

비록 국제학교를 다녔지만, 저희는 격주 토요일마다 운영하는 한인학교에도 꼬박꼬박 나갔기 때문에, 한국 교육과정에 맞는 국어와 수학 수업도 꾸준히 들을 수 있었습니다. 그때 한인학교에서 만난 한국 친구들과 어울려 신나게 놀았던 기억들은, 당시 낯선 타국 생활에 지쳐 있던 저에게 정말 큰 위안이자 더없는 행복이었습니다. 열 평 남짓한 작은 교실에서 열 명이 채 되지 않는 소수의 인원이 옹기종기 모여 함께 웃고 떠들며 서로의 어려움을 이해하고 다독였고, 쉬는 시간이면 한국에서와 마찬가지로 학교 근처 작은 매점에 달려가 컵라면이나 빵을 사 먹으며 허기를 달래기도 했습니다. 주일마다 함께 예배를 드렸던 한인교회 친구들과 한인학교 친구들, 그리고 UNIS에서 만난 소중한 친구들은, 지금까지도 꾸준히 연락하며 마치 친형제처럼 가깝게 어울리는, 제 인생에서 무엇과도 바꿀 수 없는 귀한 보물 같은 존재들입니다. 여하튼, 저는 베트남에서 시간을 보내면서 정말 다채롭고 소중한 추억들을 많이 만들었습니다. 아무래도 인생에서 공부를 가장 많이 해야 할 청소년 시기를 외국에서 보냈기에 그럴 수 있었고, 마침 당시 폴란드에서 온 여자아이와 (그때로서는 꽤 오랜 기간이라고 할 수 있는) 약 1년 동안 진지하게 사귀었기에, 특히 스피킹에 있어서는 누구에게도 뒤지지 않을 자신이 있었습니다. 역시 언어는 많이 사용하면 할수록 자연스럽게 는다고 했던가요. 제가 다녔던 국제학교는 유치원부터 고등학교까지 모든 과정이 한 캠퍼스 안에 다 같이 있던 학교여서, 고등학생이었던 제가 유치원에 가서 어린아이들을 돌보거나 영어를 가르치는 보조 교사 역할을 수행할 기회도 종종 있었습니다. 그때 제가 직접 아이들을 관찰하며 느꼈던 점은, 아이들의 타고난 성격에 따라 외국어를 배우는 속도와 습득 방식에 정말 많은 차이가 있다는 것이었습니다.

 최근 우리나라의 젊은 부부들은 아이를 한 명만 낳아 기르는 경우가 많다 보니, 자신이 가용할 수 있는 경제적 범위 내에서 자녀에게 가장 좋은, 그리고 가장 비싼 교육(예를 들면, 아주 어린 나이부터 영어유치원에 보내는 것과 같은)을 받게끔 하려는 경향이 두드러지는 것 같습니다. 불확실하고 경쟁이 치열한 미래 사회를 대비하여, 자녀들을 보다 부가가치가 높은 유망한 업종에 성공적으로 진입시키기 위해, 어릴 때부터 외국어 교육에 대한 투자를 아끼지 않는 부모님들이 적지 않습니다. 일반적으로 교육비에 투자하는 비용은, 경제학적인 관점에서 보았을 때 자녀의 나이가 어릴수록 그 효용성이 더 높다고 알려져 있기에, 개인적으로는 오히려 이미 머리가 굵어진 중고등학생 자녀들에게 마치 준조세처럼 막대하게 투자되는 사교육비보다, 훨씬 더 현명하고 좋은 선택이 될 수 있다고 생각합니다. 다만, 한 가지 고려해야 할 점은 아이의 타고난 성향과 기질에 따라 교육의 방향성과 방법을 세심하게 조절한다면, 더욱 효과적이고 지혜로운 선택이 되지 않을까 하는 점입니다. 만약 아이가 선천적으로 외향적이고 사람들과 어울려 말하기를 좋아하며, 새로운 것에 대해 적극적이고 능동적인 성향을 가지고 있다면, 아주 어린 나이부터 타국의 언어를 자연스럽게 접하고 배우는 것이 큰 도움이 될 것입니다. 하지만 만약 아이가 그렇지 않고 내성적이거나 신중한 성격이라면, 너무 이른 시기의 외국어 교육은 오히려 아이에게 혼란을 주어 모국어 습득 과정과 뒤섞이거나, 언어 자체에 대해 더 큰 부담감과 거부감을 느끼게 할 수도 있습니다. 물론, 각자의 가정 내에서 자녀를 위해 항상 최선의 선택을 하고 계시는 이 세상 모든 부모님들의 헌신적인 노력과 그 깊은 고민을 저는 진심으로 존중하고 또 존경하는 바입니다. 인생에는 단 하나의 정답이란 없으니, 부디 우리 아이의 고유한 성격과 성향에 가장 잘 맞는 효율적이고 행복한 교육 방법을 찾아나가시기를 응원하는 마음입니다.

5급

어느 날 갑자기,
공황이라는 불청객

 이비인후과 의사라고 해서 비염이나 감기에 절대 걸리지 말라는 법이 없듯이, 정신건강의학과 의사라고 해서 모든 정신과 질환으로부터 완벽하게 자유로운 것은 결코 아닙니다.

 살다 보면, 우리는 어느 날 갑자기 예고도 없이 찾아오는 반갑지 않은 손님들과 마주하게 됩니다. 각종 자연재해나 사회적 재난들이 그렇고, 믿었던 사람에게 깊은 상처를 받는 순간이 그렇고, 사랑하는 가족이나 친구들, 혹은 자기 자신이 예기치 않게 아프게 되는 날들이 또 그렇습니다. 흔히들 "인생지사 새옹지마(塞翁之馬)"라고들 하지만, 막상 그런 어려움이 내 앞에 닥치면 도저히 어떻게 대처해야 할지 눈앞이 캄캄해지고 감조차 제대로 오지 않을 정도로 힘들고 막막할 때가 있습니다. 어떤 이는 이런 파란만장한 맛에 인생을 사는 것이라고 호기롭게 말하기도 하지만, 그 고통의 순간이 당사자에게는 너무나도 끔찍하고 절망스럽게 느껴지는 것은 어쩔 도리가 없는 일입니다.

지금 이 글을 쓰고 있는 2022년 11월의 어느 날, 저에게도 그러한 불청객이 아주 갑작스럽게 찾아왔습니다. 제가 진료실에서 매일 만나는 환자분들을 지칭하는 것이 아닙니다. 그 불청객은 바로 '공황발작(panic attack)'이라는, 아주 매섭고 당혹스러운 이름을 가지고 있었습니다.

공황발작이 찾아오면, 보통 경험하는 사람들은 갑자기 심장이 미친 듯이 빠르게 뛰고 가슴이 답답해지면서 숨이 가빠지고, 어쩔 줄 몰라 안절부절못하게 됩니다. 이러다 정말 죽는 것은 아닌가 하는 극도의 공포심이 온몸을 지배한다고, 저는 정신과 교과서를 통해 그렇게 배웠고, 실제로 그러한 극심한 고통을 호소했던 수많은 환자분들을 지금까지 치료해 왔습니다. 아직까지 공황발작의 정확한 발생 원인은 명확하게 밝혀지지 않았지만, 현재까지는 우리 뇌 속의 다양한 신경전달물질(노르에피네프린, 세로토닌, 가바 등) 시스템의 기능 이상으로 인해, 우리 몸의 자율신경계(교감신경과 부교감신경)의 섬세한 균형이 갑자기 무너지면서 발생하는 것으로 알려져 있습니다. 특히 극심한 스트레스 상황을 경험할 때 증상이 악화되는 경향이 있으며, 대부분 10분 내외로 짧게 지속되는 경우가 많습니다. 하지만 그 짧은 시간 동안 경험하는 극도의 불안과 공포감이 지나간 후에도, 잔잔한 불안감은 마치 불씨처럼 계속 남아서 '혹시 또다시 그런 끔찍한 상황이 일어나지 않을까?' 하는 두려움과 걱정에 휩싸이게 되는 '예기불안(anticipatory anxiety)'을 지속적으로 느끼게 될 때, 우리는 이를 '공황장애(panic disorder)'라고 진단합니다. 평생 유병률이 전체 인구의 약 2~5% 정도로 알려져 있는 이 성가신 불청객이, 도대체 왜 하필이면 느닷없이 저에게 찾아왔던 것일까요?

당시 저에게는 꽤 오랫동안 꾸준히 치료를 받아오던 한 중년 여성 환자분이 계셨습니다. 그분은 오랜 시간 동안 시댁 식구들로부터 받아왔던 깊은 설움, 특히 자신을 무시하고 함부로 대하는 태도를 일삼았던 매우 보수적인 시어머니와 시누이들에 대한 해묵은 트라우마가 아주 큰 분이셨습니다. 평생을 가족들을 위해 헌신하며 노력했지만, 정작 그 누구에게도 제대로 이해받거나 위로받지 못했던 것에 대한 깊은 상처와 원망을 가슴속에 안고 살아오신 분이었습니다. 경제적으로도 그리 여유롭지 않은 빠듯한 상황에서, 아이들을 키우며 직장 생활까지 병행해야 했던 고단한 워킹맘이었지만, 안타깝게도 남편은 아내의 그런 노고를 알아주기는커녕 오히려 폭언과 폭행을 일삼았고, 그로 인해 매일같이 반복되는 부부 싸움으로 집 안은 하루도 편할 날 없는 지옥 같은 생활의 연속이었습니다. 그렇게 만만치 않은 인생의 수많은 역경들을 홀로 힘겹게 헤쳐 나오는 동안, 차마 밖으로 터뜨리지 못하고 꾹꾹 눌러 담았던 분노와 억울함의 화살이, 어느 순간 자신도 모르는 사이에 사랑하는 자녀들에게로 향할 때가 잦았고, 그 안타까운 과정에서 회복되기 어려운 무거운 상처들이 자녀들의 여린 가슴에 마치 날카로운 비수처럼 날아가 깊이 꽂히고 말았습니다. 결국 자신이 과거에 무심코 당겼던 분노의 활시위에서 날아갔던 그 아픈 화살들은, 시간이 흘러 '자녀들과의 깊은 갈등'이라는 돌이킬 수 없는 독화살이 되어, 이제는 그녀 자신의 마음 가장 깊은 곳을 아프게 찌르고 있었습니다. 그 내담자분을 포함하여 그녀의 자녀들까지 모두 정신과 치료를 받고 있는 매우 안타까운 상황이었고, 각자가 가진 해묵은 상처들이 서로에게 날카로운 가시처럼 얽히고설켜, 마치 헤어 나올 수 없는 깊은 수렁에 함께 빠져들고 있는 듯한 절망적인 모습이었습니다.

정신과 의사는 결코 누군가를 구원하는 구원자가 아닙니다. 그렇기 때문에, 의사 스스로 자신이 마치 구원자라도 되는 것처럼 착각해서는 더더욱 안 됩니다. 진정한 치료자는 마라톤 선수의 페이스메이커처럼, 항상 중립적인 위치를 지키면서 내담자의 삶에 지나치게 참견하거나 성급하게 개입하지 않고, 내담자 스스로 자신의 힘과 잠재력을 되찾을 수 있도록 그들의 강점과 가능성을 발견하고 지지하는 데 중점을 두어야 합니다. 특히 이분처럼 복합적인 트라우마를 가진 분들을 치료할 때에는, 이러한 치료적 원칙을 더욱더 철저하게 지켜야 합니다.

하지만 그날, 그 내담자분이 하염없이 흐느끼며 절망으로 가득 찬 깊은 눈빛으로 저를 바라보았을 때, 저는 그저 옆에서 묵묵히 함께 있어 주고 그분의 고통스러운 이야기를 가만히 들어주는 '안전하고 지지적인 환경(holding environment)'을 유지하는 것만으로도 충분하다는 이성적인 생각이 순간적으로 멈춰버렸습니다. 그리고 갑자기 제 머릿속에는 '어쩌면, 내가 이분에게 더 이상 해줄 수 있는 것이 아무것도 없을지도 모르겠다'는 아주 불길하고 무력한 생각이 섬광처럼 스쳐 지나가면서, 예기치 못했던 그 불청객을 제 안으로 불러들이고 말았습니다. 바로 그 순간, 저는 마치 제가 그 내담자분과 똑같은 절망적인 상황에 놓여버렸다는 듯한 강렬한 느낌을 받았습니다.

아, 출구가, 보이지 않는다!

이러한 숨 막히는 느낌이 폭풍처럼 강하게 밀려오는 순간에도, 내담자분의 처절한 오열은 좀처럼 멈추지 않았고, 저에게는 이제껏 경험해 보지 못했던 엄청난 불안감과 함께 깊은 무기력감이 파도처럼 밀려왔습니다. 당장이라도 진료실 문을 박차고 뛰쳐나가고 싶은 강렬한 욕구를 있는 힘껏 참아내며, 저는 책상 밑에서 제 양손을 서로 세게 꼬집으며 어떻게든 버텨보려고 애썼습니다. 그럼에도 불구하고 불길한 증상은 좀처럼 가라앉지 않았고, 이러다 정말 큰일이 나겠다는 공포스러운 느낌이 들었을 때는, 이미 환자분의 목소리가 제대로 들리지 않는 지경에 이르렀습니다. 당장이라도 의자에서 벌떡 일어나 미친 사람처럼 소리를 지를 것만 같은 아찔한 순간, 저는 저도 모르게 다급하게 말했습니다. "정말 죄송합니다만, 잠시 면담을 멈추어야 할 것 같습니다. 오늘은 깊이 있는 면담은 이쯤에서 마무리하고, 간단하게 정리하도록 하겠습니다." 저는 최대한 정중하게 양해를 구하며 약물 처방에 대한 안내와 함께, 스스로 감정을 안정시키는 데 도움이 될만한 몇 가지 교육적인 내용들을 간략하게 전달해 드린 후 다음 진료 약속을 잡았습니다. 공황발작으로 인해 실제로 신체적으로 심각한 위험이 초래되지는 않는다는 의학적 사실은 이미 잘 알고 있었지만, 마치 발가벗겨진 상태로 무방비하게 세상에 노출된 것만 같은 극심한 무력감과 그 불쾌한 느낌은 좀처럼 줄어들지 않았습니다. 다행히 약 5분 정도의 극심한 공포의 시간이 지나간 후, 저는 겨우 마음을 진정시키고 다음 환자분을 진료할 수 있었습니다.

도대체 저에게 왜 이런 당혹스러운 증상이 갑작스럽게 찾아왔던 걸까요? 혹시 내담자가 치료자에게 느끼는 무의식적인 감정인 '전이 감정'과, 이로 인해 반대로 치료자가 내담자에게 느끼게 되는 '역전이 감정'이 제 안에서 격렬하게 작동했던 것일까요? 물론, 이렇게 절망적이고 복합적인 트라우마를 가진 환자분과 깊이 있는 면담을 진행할 때는, 외상성 전이나 역전이 반응을 완벽하게 피하기란 현실적으로 매우 어렵습니다. 그렇기 때문에, 치료 과정에서 서로의 안전을 보장해 주는 명확한 '치료 계약(treatment contract)'을 설정하고, 치료자 자신을 위한 든든한 '지지 체계(support system)'를 갖추는 것이 굉장히 중요합니다. 하지만 이러한 다소 원론적인 정신분석학적 이야기를 떠나, 제가 정말 그 역전이 감정으로 인해 생전 처음으로 공황발작이라는 것을 경험했던 것일까요? 이 특별한 경험에 대해 몇몇 동료 정신건강의학과 전문의 선생님들께 조심스럽게 자문하고 치료적인 관점에서 함께 논의해 보았지만, 아직까지 저 스스로 제 내면의 명확한 답을 찾지는 못한 상태입니다.

지금 돌이켜 생각해 보면, 어쩌면 저는 그 순간 무의식적으로 '구원자(savior)'의 역할을 하고 싶었던 것이 아니었을까 하는 생각이 듭니다. 치료자로서 마땅히 지켜야 할 객관적인 선을 지키지 못하고, 단순한 공감을 넘어 어떻게든 이 환자를 제대로 치료해 주고 싶다는 지나치게 강한 열망으로 인해, 환자가 가진 블랙홀처럼 깊고 어두운 상처 속으로 저도 모르게 빨려 들어갔다가 호되게 혼쭐이 난 것 같기도 합니다. 마치 '타인의 깊은 상처를 그렇게 쉽게 함부로 들여다보려 하지 마라'는 엄중한 경고처럼 말입니다.

하지만 한 가지 분명한 것은, 이 예상치 못했던 고통스러운 경험을 통해, 저는 공황장애를 앓고 있는 환자분들이 평소 얼마나 극심한 공포와 불안 속에서 힘겨운 시간을 보내고 있는지를 이전보다 훨씬 더 구체적이고 절실하게 알게 되었다는 사실입니다. 앞으로 저는, 삶에 지치고 힘겨워하는 환자분들의 험난한 등반길에 기꺼이 동반자가 되어 그들과 함께 땀 흘리며 걷고, 때로는 같은 눈높이에서 함께 고민하며, 항상 따뜻한 마음으로 그들의 이야기에 진심으로 귀 기울여 주고, 또 때로는 어두운 밤바다의 등대처럼 그들이 나아갈 올바른 방향을 부드럽게 잡아주는 그런 존재가 되는 것이 바로 좋은 모습이라고 굳게 믿습니다. 저 또한 이 특별한 경험을 통해, 앞으로 조금 더 겸허한 마음을 가지고 서두르지 않는 신중한 자세를 가진 사람이 되기를 제 자신에게 간절히 바라봅니다.

나는
내 삶의 주인인가,
손님인가?

    요즘 시대에는 '주인(主人)'이라는 말을 예전만큼 잘 쓰지 않는 것 같습니다. 어쩐지 '주인과 하인'처럼 사람들 사이에 계층이 나뉘는 듯한 느낌을 주어서 그런지, 저 또한 이 단어에 대해 약간의 거부감이 드는 것이 사실입니다. 그런 와중에, 우연히 '총각네 야채가게'를 창업하여 성공 신화를 이룬 이영석 대표의 저서 《인생에 변명하지 마라》라는 책을 읽다가, 제 뒤통수를 세게 후려치는 듯한 강렬한 구절 하나를 발견했습니다.

"주인이 아닐 때 더욱 주인처럼 일하라.
그러면 언젠가 진짜 주인의 자격이 주어질 것이다."

    30대부터 온갖 종류의 자기계발서를 섭렵하며, 타고난 게으른 천성을 조금이라도 개선하고 발전시키기 위해 스스로에게 끊임없이 채찍질하는 것을 은근히(?) 즐기는 저로서는, 이 짧지만 강렬한 구절에서 또 한 번 깊은 깨달음과 함께 정신이 번쩍 드는듯한 느낌을 받았습니다.

    저는 나름대로 '경험주의자'를 자처하며, 대학생 시절에는 거의 매 방학마다 두 달씩 다양한 종류의 아르바이트를 섭렵했습니다. 고3 겨울방학 때부터 시작한 주유소와 세차장 아르바이트를 시작으로, 레스토랑 서빙 아르바이트, 건설 현장 일용직 아르바이트, 스키장 내 음식점에서의 설거지 아르바이트, 그리고 심지어 연구원에서 온갖 자잘한 잡일까지, 정말이지 안 해본 일이 없을 정도로 다양한 경험을 했습니다. 그 과정에서 각 일에 필요한 나름의 노하우도 배우고, 다양한 직업에 종사하는 사람들의 일에 대한 각기 다른 태도와 가치관도 어깨너머로 엿볼 수 있었습니다. 대학교 1학년 때에는 몇 개월 동안 학생들을 가르치는 과외 아르바이트도 했었는데, 다른 아르바이트에 비해 상대적으로 너무 편하게 돈을 버는 것 같다는 죄책감과 함께, 결정적으로 제가 고등학생 시절 저를 가르쳐 주셨던 그 유능하고 훌륭한 선생님들만큼 학생들을 잘 가르칠 자신이 없다는 생각에, 결국 학생들과 학부모님들께 죄송한 마음을 전하고 얼마 못 가 그만두었던 기억이 있습니다. 그 후 20대 중반부터는 의사로서 나름의 자부심을 가지고 일을 해왔지만, 돌이켜 보면 항상 어떤 조직에 소속된 채로 일을 해왔기 때문에, 제가 제 삶의 '주인'이라는 생각은 단 한 번도 제대로 해본 적이 없었던 것 같습니다. 그저 제게 찾아오는 환자 한 분 한 분에게 최선을 다하고, 개인적으로 의사로서의 전문적인 역량을 끊임없이 키워나가며 언젠가는 정말 좋은 치료자가 되었으면 하는 막연한 바람만 가지고 있었을 뿐, 제가 속한 조직에 어떤 큰 영향력을 행사한다거나 병원 전체를 경영하는 차원의 넓은 시야는 미처 갖지 못했습니다.

혹시, 내가 그동안 제 삶의 '주인'이 되겠다는 '주인의식' 혹은 '주인 마인드'가 없었기에, 진짜 주인이 되지 못했고, 그래서 제 삶 또한 어딘가 모르게 주인 같지 않게 그저 흘러가는 대로 살아온 것은 아닐까? 거기까지 생각이 미치자, 지금부터라도 당장 저의 안일한 태도와 수동적인 행동들을 바꿔야겠다는 절박한 위기감이 들었고, 이 새로운 깨달음을 제 실생활에 바로 한번 적용해 보기로 마음먹었습니다. 마침 페이닥터로 일하고 있던 정신건강의학과 의원에서,

저는 마치 제가 그 병원의 주인이라도 된 것처럼 '주인의식'을 가지고, 어떻게 하면 환자분들에게 더 나은 의료 서비스를 제공하고 동시에 병원 전체의 발전에도 기여할 수 있을지에 대한 경영 전략을 진지하게 고민하기 시작했습니다. 다양한 분야에서 성공한 선배 의사님들의 강연과 교육 자료들을 열심히 찾아보고, 그분들의 귀한 경험담을 통해 얻은 아이디어들 중 몇 가지를 저희 병원 시스템에 적용해 볼 수 있도록 원장님께 조심스럽게 건의드리기도 했습니다. 놀랍게도, 그 결과는 매우 성공적이었습니다. 환자분들의 진료 만족도도 눈에 띄게 향상되었고, 병원의 전체적인 매출 또한 함께 상승하는, 그야말로 모두에게 이로운 '윈-윈(win-win)' 전략이 제대로 통한 것입니다. 물론, 피고용인의 입장에서 자신이 속한 조직의 경영에 직접적으로 관여하거나 대표에게 어떤 새로운 것을 제안하는 일이 결코 쉽지만은 않습니다. 하지만 평소에 '이것은 바로 내 일이다'라는 주인의식을 가지고, 내가 만나는 고객들을 마치 내 가족이나 가장 친한 친구처럼 생각하며 그들의 편의성과 만족감을 조금이라도 더 높여줄 수 있는 것이 무엇이 있을까 진심으로 고민하다 보면, 자연스럽게 일 자체도 더욱 재미있어지고 이전보다 훨씬 더 열정적으로 일에 몰입하게 되는 것 같습니다. 그리고 그러한 부하 직원의 긍정적인 변화와 빛나는 열정을 지켜보는 상사의 마음이 활짝 열리는 것도 어쩌면 너무나 당연한 결과가 아니겠습니까.

물론 내가 주인의식을 갖는다고 해서, 실제로 내가 속한 조직의 대표가 하루아침에 되는 것은 당연히 아닙니다. 그렇다고 해서 당장 월급이 오르거나 특별한 인센티브를 더 받는 것도 아닐 수 있습니다. 하지만 내가 하는 일을 통해 고객의 마음을 아주 조금이라도 더 움직일 수 있고, 그 경험들이 차곡차곡 쌓여 언젠가 내가 직접 무언가를 경영하게 되었을 때 아주 훌륭한 선행 학습이자 소중한 밑거름이 될 수 있다고 생각하면, 그것만으로도 굉장히 의미 있고 이로운 일이 아닐까 싶습니다. 이처럼 아주 단순한 관점의 차이 하나만으로도, 우리의 삶에서 얼마나 많은 것들이 긍정적으로 달라질 수 있는지 직접 몸으로 느끼고 경험하게 되면, 배움에 대한 끝없는 갈증이 더욱더 샘솟는 것을 느끼게 됩니다. 이러한 가슴 뛰는 깨달음과 성장의 기쁨이, 바로 우리가 인생을 살아가는 데 있어서 또 하나의 커다란 재미이자 원동력이 되는 것이 아닐까 싶습니다. 아직 많이 부족한 저도 이렇게 작은 변화를 통해 큰 보람을 느끼고 있으니, 이 글을 읽는 여러분도 지금 바로 용기를 내어 작은 실천을 통해 그 짜릿한 성취감을 직접 한번 만끽해 보시기를 진심으로 응원합니다. 아주 작은 일이라도 괜찮습니다. 일단 용감하게 한번 시작해 보십시오!

마음의 방파제를
쌓는 여정

   제 진료실 문을 열고 들어오시는 많은 분들이 힘겨운 목소리로 '스트레스'라는 단어를 꺼내십니다. 마치 보이지 않는 무게에 짓눌린 듯, 그들의 얼굴에는 고단함이 서려 있죠. 스트레스. 사전은 이 단어를 '적응하기 어려운 환경에 처할 때 느끼는 심리적, 신체적 긴장 상태'라고 정의합니다. 하지만 저는 여기에 한 가지 의미를 덧붙이고 싶습니다. 스트레스는 어쩌면 '외부의 거센 파도에 맞서 내 안의 소중한 것들을 지켜내려는 간절한 몸부림'일지도 모른다고요. 그 몸부림 속에서 우리는 상처 입은 마음을 끌어안고 어떻게든 평온을 되찾으려 애쓰게 됩니다.

그렇다면 이 거친 파도로부터 우리 마음을 어떻게 지켜낼 수 있을까요? 스트레스라는 불청객 앞에서 어떻게 하면 조금이라도 더 수월하게 평온의 항구로 돌아갈 수 있을까요?

흥미롭게도 스트레스는 우리 마음의 근력, 즉 '자존감'과 깊이 연결되어 있습니다. 외부 환경이나 타인의 말과 행동은 우리가 통제하기 어려울 때가 많습니다. 하지만 똑같은 상황, 똑같은 말을 듣고도 우리가 느끼는 감정의 색깔과 무게는 사람마다 천차만별입니다. 마치 장애물 달리기 선수와 같다고 할까요? 과거의 실패 경험이 발목을 잡아 자신감이 위축된 선수에게는 눈앞의 허들이 거대한 벽처럼 느껴질 겁니다. '넘어지면 어쩌지? 또 실패하면…' 하는 불안감이 온몸을 휘감겠죠. 반면, 최근 좋은 성적으로 자신감이 충만한 선수에게는 같은 허들이라도 한결 낮아 보일 겁니다. '이 정도쯤이야!' 하는 건강한 도전 의식이 샘솟을 테고요. 이처럼 스트레스에 대처하는 우리의 자세는 내면의 자존감과 깊은 관련이 있습니다.

환자분들의 아픈 마음을 어루만지고, 그들의 복잡하게 엉킨 삶의 실타래를 함께 풀어가며 나아갈 길을 모색하는 정신과 의사라고 해서 스트레스 앞에서 늘 초연한 것은 아닙니다. 오히려 그 무게를 더 절감할 때도 많습니다. 실제로 미국의 존스홉킨스대학에서 의대 졸업생 1,000명 이상을 30년간 추적 조사 한 연구에 따르면, 정신과 의사의 이혼율이 55%로 가장 높았다는 결과도 있습니다. 제가 의대 시절 보았던 교과서 한구석에는 정신과 의사의 자살률이 타과 의사들 중 가장 높다는 통계도 있었죠. 매일같이 인간 존재의 가장 깊은 고통과 마주하는 일이 어찌 가벼울 수 있겠습니까. 때로는 그 무게에 짓눌려 저 역시 길을 잃고 헤맬 때가 있습니다.

언젠가, 유난히 맑은 눈빛을 가진 20대 초반의 청년이 진료실을 찾았습니다. 정신의학이나 심리학에 대한 호기심이 많았던 그는 조심스럽게 제 삶에 대해 물어왔습니다.

"선생님은… 힘드실 때 어떻게 스트레스를 푸세요?"

진료 시간은 환자분의 이야기를 듣기 위한 것이지, 제 개인적인 이야기를 늘어놓는 자리가 아니기에 처음엔 정중히 양해를 구하려 했으나 순수한 궁금증을 내비치는 모습에, 저도 모르게 마음 한구석이 열렸습니다. 그의 눈빛에는 교과서적인 답변이 아닌, 한 인간으로서의 진솔한 이야기에 대한 갈증이 어려 있었습니다.

잠시 천장을 바라보며 생각에 잠겼습니다. '어떤 말을 해줘야 할까? 그럴듯하게 포장해야 하나, 아니면 나의 가장 솔직한 모습을 보여줘야 하나?' 짧은 고민 끝에, 저는 담백한 진심을 꺼내놓기로 했습니다.

"음… 거창한 건 없어요. 저는 그냥 맛있는 음식을 먹고, 좋아하는 책을 읽거나 텔레비전을 보면서 쉬어요. 가끔은 계절이 주는 선물, 예를 들면 눈사람을 만들거나, 단풍잎을 주우러 가거나, 땀 흘리며 산을 오르는 것처럼 소소하지만 확실한 행복을 찾으려고 노력하죠. 그게 저만의 '소확행'이 랍니다."

네, 그렇습니다. 감당하기 어려운 정도의 스트레스가 아닌, 일상의 잔잔한 파도 같은 스트레스가 밀려오는 날이면, 저는 아내와 함께 매콤한 음식을 찾아 입안 가득 즐거움을 채우고, 시원한 맥주 한 잔으로 하루의 피로를 씻어냅니다. 그리고 미뤄뒀던 영화나 예능 프로그램을 보며 한바탕 웃고, 따뜻한 물로 샤워를 한 뒤 일찍 잠자리에 들죠. 특별히 보고 싶은 프로그램이 없는 날에는, 책갈피를 끼워 두었던 책을 펼쳐 들고 이야기의 세계로 빠져듭니다. 잘 먹고, 잘 쉬고, 잘 자는 것. 이 세 가지는 어쩌면 너무나 평범해 보이지만, 우리 정신건강을 지키는 가장 근본적이고 중요한 기둥입니다. 몸이 건강해야 마음도 맑아지는 법이니까요.

제 대답을 들은 청년은 고개를 살짝 갸웃하며 물었습니다. "그게… 전부이신가요?" 저는 미소와 함께 고개를 끄덕였습니다. "네, 그게 전부예요. 가장 기본적인 것이 때로는 가장 어렵고, 또 가장 중요하거든요." 그의 얼굴에 스치는 약간의 허탈함을 감지한 저는 조금 더 이야기를 보탰습니다.

"물론 스트레스의 종류와 무게에 따라 대처법은 조금씩 달라져요. 업무 과중으로 인한 스트레스, 시험을 앞둔 압박감, 불투명한 미래에 대한 불안, 꼬여버린 인간관계에서 오는 상처… 특히 누구와의 갈등이냐에 따라 마음의 풍경은 천차만별이죠. 하지만 그 어떤 상황에서도 변치 않는 근본은 '잘 먹고, 잘 쉬고, 잘 자는 것'에 있어요. 때로는 훌쩍 바다나 산으로 떠나 마음을 환기시키기도 하고, 여의치 않을 땐 집 근처 조용한 카페에 앉아 책장을 넘기며 잠시 세상과 거리를 두기도 합니다. 그것마저 허락되지 않는 날에는, 방 안에 잔잔한 음악을 틀어놓고 가만히 눈을 감고 명상을 해요. 명상이라고 해서 거창할 건 없어요. 그저 내 안의 가장 깊은 곳에서 들려오는 목소리에 귀 기울이는 거죠. 그리고 이건 저만의 작은 팁인데요, 지금 나를 괴롭히는 걱정거리가 있다면 노트나 메모장에 한번 적어보세요. 신기하게도 대부분의 걱정은 서너 줄을 넘지 않아요. 그리고 자문해 보는 겁니다. '이 문제가 과연 내가 해결할 수 있는 일인가?' 만약 10분 안에 명쾌한 답이 떠오르지 않는다면, 그건 지금 당장 내 손으로 어찌할 수 없는 문제일 가능성이 커요. 그럴 땐, 잠시 내려놓고 시원한 맥주 한잔하는 거죠!"

흔히들 말합니다. 우울은 과거의 그림자에서 비롯되고,

불안은 미래의 안개 속에서 피어난다고요. 우리가 느끼는 대부분의 스트레스는 '어떡하지? 그 사람과의 관계를 어떻게 풀어야 할까? 일이 잘못되면 어쩌지?'와 같은 끝없는 불안감에서 시작됩니다. 미국의 심리학자 어니 젤린스키는 우리가 하는 걱정의 96%는 쓸데없는 것이고, 나머지 4%만이 우리가 실제로 해결할 수 있는 문제라고 말했습니다. 저는 이 말을 마음에 새기고, 웬만한 스트레스에는 크게 마음 쓰지 않으려 노력합니다. 걱정이라는 이름의 안갯속에서 허우적거리기보다는, 그 시간에 내가 평소 하고 싶었던 일들을 하며 마음에 충분한 휴식과 즐거움을 선물하는 편이 훨씬 현명하다고 믿습니다.

앞서 말씀드렸듯이, 낮은 자존감은 같은 상황도 부정적인 필터를 통해 바라보게 만듭니다. 그래서 근본적으로는 이러한 '자동적 사고'의 고리를 끊어내고 자존감을 탄탄하게 다지는 노력이 필요합니다. 자존감은 나와 타인으로부터 받는 '인정'이라는 자양분을 먹고 자랍니다. 하지만 타인에게 인정받는 것은 때로 큰 성과를 필요로 하거나, 매번 기회가 주어지는 것이 아니기에, 가장 중요한 것은 '나 스스로를 인정해 주는 연습'입니다. 아주 작은 목표부터 시작해 보세요. 그리고 꾸준히 실천해 나가는 겁니다. 이것이 자존감을 키우는 가장 확실하고 빠른 길입니다.

정말 사소하지만 긍정적인 습관을 하나씩 만들어 가는 겁니다. 저는 환자분들께 아침에 일어나자마자 이불을 정리하고, 양치 후 물 한 잔을 마시는 습관을 들여보시라고 권합니다. 이것만으로도 하루에 세 가지 작은 성취를 이루는 셈입니다. 별것 아닌 것처럼 보이지만, 어제의 나보다 세 걸음 더 나아간 것이죠. 이렇게 스스로 정한 약속들을 지켜나가다 보면, 어느새 마음속에 '나도 할 수 있다'는 자신감이 뿌리내리고, 스스로가 대견하게 느껴지는 순간이 찾아옵니다. '자기 효능감'이 높아지면 긍정적인 마음가짐이 자연스럽게 장착되고, 웬만한 스트레스에도 쉽게 무너지지 않는 '회복탄력성'이라는 튼튼한 마음의 근육이 생겨나는 선순환이 시작됩니다.

물론, 자기 발전이라는 관점에서 약간의 스트레스는 오히려 성장의 동기가 되기도 합니다. 그럴 때는 감사 일기나 감정 일기를 쓰며 복잡한 마음을 차분히 정리하는 것도 좋고, 믿을 수 있는 사람들과 진솔한 대화를 나누며 위로와 지지를 얻는 것도 큰 힘이 됩니다. 가벼운 운동으로 몸을 움직이며 부정적인 에너지를 흘려보내는 것도 훌륭한 방법이고요. 이 모든 것들이 스트레스라는 파도를 넘어설 수 있도록 도와주는 든든한 부표가 되어줄 겁니다.

하지만 저는 압니다. 때로는 정말 숨 막힐듯한 고통 속에서, 마치 외줄 위를 걷듯 위태롭게 하루하루를 버텨내는 분들이 있다는 것을요. 사방이 꽉 막힌 어두운 터널 속에 갇힌 듯, 한 줄기 빛조차 보이지 않는 절망감을 느끼는 분들에게는 방금 제가 드린 말씀들이 공허하게 들릴지도 모르겠습니다. 하지만 바로 그런 분들에게, 저는 간절히 이야기하고 싶습니다. 아주 조금만 더, 정말 조금만 더 버텨주셨으면 좋겠다고요. 동트기 전이 가장 어둡다는 흔한 말 속에, 실은 깊은 진리가 숨어 있습니다. 이 혹독한 시간만 지나면, 분명 무엇이든 이겨낼 수 있다는 강인한 내가 되어 있을 거라는 믿음을 부디 놓지 않으셨으면 합니다. 지금은 그저 충분히 쉬면서 다시 앞으로 나아갈 힘을 천천히 비축하세요. 시간이 흐르면, 희미하지만 분명한 빛줄기가 보이기 시작할 겁니다. 그때, 자신의 마음과 어깨를 따뜻하게 토닥여 주세요. '정말 잘 버텨냈다'고, '애썼다'고 진심으로 위로해 주세요. 죽을힘을 다해 이 순간을 견뎌낸 당신만큼 위대한 사람은 없습니다. 이 힘겨운 삶의 여정 속에서, 우리가 서로의 아픔에 공감하고 따뜻한 위로를 건네며 함께 이겨나갈 수 있기를 진심으로 바랍니다.

여러분이 꿋꿋하게 이끌어 가는 그 모든 삶의 순간들을, 저는 마음 깊이 존경하고 뜨겁게 응원합니다.

새해 버킷리스트:
내 마음이 그린 꿈의 지도

새해가 밝아오면 우리는 으레 한 살을 더 먹지만, 시간은 그저 어제와 오늘처럼 연속될 뿐입니다. 그럼에도 새해 첫 날은 우리에게 특별한 마법을 선사합니다. 지난 한 해를 돌 아보며 아쉬웠던 순간들을 갈무리하고, 가슴속에 품어왔던 소망들을 '올해의 버킷리스트'라는 이름으로 조심스레 적어 내려가며 설렘과 희망으로 가슴 뛰게 하죠. 마치 새로운 도화지를 받은 아이처럼, 우리는 어떤 꿈을 그려나갈까 기대에 부풀곤 합니다.

저 또한 매년 새해가 되면 꼭 이루고 싶은 소망들을 하나 하나 적어보는 시간을 갖습니다. 하지만 안타깝게도, 직업과 관련된 거창한 목표가 아닌 이상, 대부분의 계획은 '작심삼일'이라는 짧은 유효기간을 넘기지 못하고 흐지부지되기 일쑤였습니다. 누군가는 "작심삼일도 백 번이면 1년이 채워진다."고 하지만, 그게 어디 말처럼 쉬운 일이던가요. 매번 무너지는 계획 앞에서 자책하고 다시 새로운 다짐을 하는 과정은 때론 더 큰 무력감을 안겨주기도 합니다.

돌이켜 보면, 저 역시 꽤나 충동적인 기질을 가진 사람이었습니다. 공부는 늘 벼락치기였고, 인터넷 쇼핑의 유혹에도 쉽게 넘어갔으며, 여행을 떠날 때조차 세밀한 계획보다는 '닥치는 대로 부딪히는 것이 인생의 묘미'라는 어설픈 객기를 부리곤 했습니다. 약 10년 전 유행했던 'YOLO(You Only Live Once)'라는 단어가 저를 대변하는 듯했습니다.

제 삶의 한 페이지에는 유독 강렬했던 기억이 있습니다. 초등학교 2학년, 어느 날 아침, 저는 알 수 없는 불안감에 휩싸여 어머니께 학교에 가고 싶지 않다고 말씀드렸습니다. 마치 다가올 미래를 예감이라도 한 듯이 말이죠. 결국 등교했지만, 1교시가 채 끝나기도 전에 아랫배에 칼로 에는듯한 극심한 통증을 느끼며 교실 바닥을 데굴데굴 굴렀고, 그대로 의식을 잃었습니다. 119 구급차의 사이렌 소리, 하얀 병원 천장, 낯선 사람들의 분주한 움직임이 마치 꿈처럼 흐릿하게 기억납니다.

두 번의 개복수술 후 중환자실에서 얼마나 시간을 보냈을까요. 열과 염증 수치가 겨우 안정되어 일반 병실로 돌아왔지만, 제가 머문 곳은 소아암 환자들이 함께 지내는 병동이었습니다. 그 어린 나이에 콧줄과 소변줄을 주렁주렁 매달고, 제대로 먹지도, 배설하지도 못하며 몸무게는 18~19kg까지 빠져 뼈만 앙상하게 남은 모습이었습니다. 밤낮없이 저를 간병하시느라 몸과 마음이 함께 스러져 가는 부모님의 모습을 보면서, '죽음이란 이렇게 슬픈 거구나' 하는 생각을 어렴풋이 했던 것 같습니다. 어머니의 간절한 기도가 하늘에 닿았던 걸까요. 입원한 지 두 달이 다 되어갈 무렵, 제 몸은 기적처럼 회복되기 시작했고, 마침내 퇴원이라는 감격적인 순간을 맞이했습니다. 모두가 기적이라고 말했습니다. 아마 그때부터였을 겁니다. 어차피 한 번뿐인 인생, 후회 없이 즐겁게, 더 많은 것을 경험하며 살아가자고 마음먹었던 것이. 그래서였을까요, 저의 20대는 충동적이고 즉흥적인 즐거움으로 가득했습니다. 이것이 저의 '욜로 라이프'에 대한 조금은 긴 변명이자 고백입니다.

그러나 30대에 접어들고, 정신건강의학과 전문의가 되면서 제 삶에는 새로운 전환점이 찾아왔습니다. 수련의 시절, 수많은 환자분들의 아픔에 귀 기울이고 그들의 상처 입은 마음을 어루만지면서, 역설적이게도 제 자신의 마음이 치유되는 경험을 했습니다. 그리고 저를 통해 환자분들이 조금씩 안정을 되찾고 다시금 삶의 의미와 행복을 발견하며 환한 미소를 지을 때, 그 어떤 것과도 바꿀 수 없는 깊은 보람과 감동을 느꼈습니다. '나라는 존재가 이 세상에 조금이라도 더 밝은 빛을 더할 수 있다면…' 하는 일종의 사명감이 제 마음 깊은 곳에서부터 서서히, 하지만 분명하게 자라나기 시작했습니다. 그래서 다시 공부를 시작했습니다. 어렵게 용기를 내어 진료실 문을 두드린 환자분들에게 조금이라도 더 나은 치료를 제공하고 싶었고, 주어진 시간 동안 그들의 삶에 진정으로 도움이 될 수 있는 지혜와 메시지를 전달하고 싶었습니다. 네, 저는 그렇게 조금씩 '계획하는 사람'으로 변화하기 시작했습니다.

하지만 솔직히 고백하자면, 제 안에 깊이 뿌리내린 게으른 기질과 무계획적인 습관을 바꾸는 것은 결코 쉽지 않았습니다. 이 지점에서, 조금은 전문적이지만 우리 삶에 매우 중요한 이야기를 하나 드려야 할 것 같습니다.

우리 뇌에는 '보상회로'라는 시스템이 존재합니다. 이 회로는 도파민과 글루타메이트라는 신경전달물질에 의해 조절되는데, 특정 행동을 반복하게 만드는 동기 부여의 핵심 역할을 합니다. 뇌의 복측피개영역(VTA)에서 도파민이 생성되면, 측좌핵(NAc)이라는 쾌락 중추를 자극하여 우리는 즉각적인 보상에 큰 만족감을 느낍니다. 반면, 그 도파민이 이성적 판단을 담당하는 전전두엽에 도달하면, 우리는 그 행동을 계속할지 멈출지를 결정하고, 때로는 장기적인 목표를 위해 글루타메이트를 분비하여 즉각적인 만족을 지연시키기도 합니다. 심리학에는 '미래 할인(future discounting)' 이라는 용어가 있습니다. 학창 시절 《마시멜로 이야기》를 읽어보신 분들이라면 익숙한 개념일 텐데요, 시간적으로 가까운 보상일수록 더 높은 가치를 부여하고, 보상이 늦게 따라올수록 그 가치를 낮게 평가하는 경향을 말합니다. 눈앞의 달콤한 넷플릭스, 짜릿한 컴퓨터 게임, 짧고 자극적인 유튜브 영상이 독서나 자기계발보다 훨씬 더 매력적으로 느껴지는 이유가 바로 여기에 있습니다.

그렇다면 우리는 어떻게 이 '미래 할인'의 유혹을 이겨내고, 새해 목표를 향해 꾸준히 나아갈 수 있는 인내력을 키울 수 있을까요?

가장 먼저 해야 할 일은, 조용히 책상에 앉아 내 마음의 목소리에 귀 기울이는 것입니다. 내가 진정으로 원하는 것은 무엇인지, 나를 가슴 뛰게 하는 일은 무엇인지, 내가 오랫동안 배우고 싶고 경험하고 싶었던 일들은 무엇인지 깊이 탐색하며 버킷리스트를 작성해 보세요. 남들이 보기에 멋있거나 유행하는 일이 아닌, 내 안에서부터 진정한 흥미와 호기심이 샘솟는 일들을 떠올려 보는 겁니다. 그 일을 이룬 나의 모습을 상상했을 때, 심장이 콩닥거리고 얼굴에 저절로 미소가 번진다면, 그건 바로 가슴이 보내는 신호입니다. 만약 그런 일들이 잘 떠오르지 않거나, '내가 과연 해낼 수 있을까?' 하는 자신감이 부족하다면, 잠시 눈을 감고 본인의 정체성과 자아에 대해 깊이 고민해 보는 시간을 가져보세요. '나는 어떤 사람이 되고 싶은가?' 이 질문에 대한 답을 찾는 과정에서 버킷리스트는 더욱 선명해질 겁니다. 정체성 중심의 습관은 마치 나침반처럼 우리를 올바른 방향으로 이끌어 줍니다.

그럼에도 불구하고 가슴 뛰는 목표가 잘 떠오르지 않는다면 어떡할까요? 너무 걱정하지 마세요. 저는 습관이 정체성을 만들어 갈 수 있다고 굳게 믿습니다. 작은 습관들이 쌓여 '나는 이런 사람이다'라는 정체성을 형성하고, 그 정체성은 다시 더 많은 긍정적인 습관을 낳는 선순환을 만들어 냅니다. 저 역시 매주 '나는 에세이나 소설을 쓰는 작가다'라고 스스로에게 속삭이며, 어떻게든 한 줄이라도 글을 쓰려고 노력합니다. 그렇게 꾸준히 물을 주다 보면, 비록 지금은 서툴고 부족할지라도 언젠가는 아름다운 꽃을 피워낼 수 있다고 믿기 때문입니다.

제임스 클리어는 그의 저서 《아주 작은 습관의 힘》에서 좋은 습관을 만들기 위한 네 가지 법칙을 제시합니다. 목표를 '분명하게' 하고, '매력적으로' 만들며, '하기 쉽게' 설계하고, 그 결과가 '만족스럽도록' 하라는 것입니다. 이 네 가지 원칙을 마음에 새기고, 버킷리스트를 위한 습관들을 만들어 보세요. 남들이 보기에는 정말 아무것도 아닌 것처럼 보이는 사소한 습관이라도 괜찮습니다. 오히려 그 목표를 잘게 쪼개고 또 쪼개서 아주 구체적이고 실천 가능한 형태로 만드는 것이 중요합니다. 예를 들어, 저 같은 경우에는 '아침에 일어나자마자 이불을 개고 샤워를 한다. 이후 스킨로션을 바르고 소파에 앉아 신문을 읽는다'라는 구체적인 행동 루틴으로 하루를 시작합니다. 이처럼 행동을 촉발하는 '신호'를 명확히 하고, 이미 내가 매일 하고 있는 기존의 습관 뒤에 새로운 습관을 연결하는 '습관 쌓기' 전략도 매우 효과적입니다.

　마지막으로, 목표를 달성했을 때 스스로에게 충분한 '보상'을 주는 것을 잊지 마세요. 평소 갖고 싶었던 물건을 선물하거나, 스스로에게 진심 어린 칭찬과 긍정적인 확언을 해주는 것도 좋습니다. 이러한 보상은 자신감과 정체성을 더욱 굳건하게 만들어 주는 촉매제가 됩니다. '헵의 법칙(Hebb's Law)'이라는 것이 있습니다. 특정 행동이 반복될수록 뇌의 신경세포 간의 연결이 강화되고, 관련 회로가 활성화된다는 뇌 가소성에 대한 이론입니다. 즉, 우리의 뇌는 훈련을 통해 변화하고 발전할 수 있다는 과학적 증거인 셈이죠. 또한, 습관은 단순히 시간이 흐른다고 형성되는 것이 아니라, '횟수'를 기반으로 만들어진다는 연구 결과도 있습니다. 그러니 처음부터 완벽하게 잘하려고 애쓰기보다는, 꾸준히, 그리고 자주 시도하는 것이 훨씬 더 중요합니다. 그렇게 몇 가지라도 꾸준히 실천하다 보면, 연말에 한 해를 돌아보았을 때 '올해 나는 무엇을 이루었고, 무엇을 배웠으며, 어떤 점에서 성장했는가'에 대한 뿌듯한 답을 얻을 수 있을 것입니다.

자, 이제 여러분의 마음이 그린 꿈의 지도를 펼칠 시간입니다. 그 지도 위에 그려진 빛나는 목표들을 향해, 오늘 한 걸음 내디뎌 보는 것은 어떨까요? 비록 작은 발걸음일지라도, 그 꾸준한 걸음들이 모여 꿈꾸던 미래로 이끌어 줄 것이라 믿습니다.

올해도 원하는 모든 것을 성취하며, 매 순간 행복으로 가득한 인생을 살아가시기를 진심으로 응원합니다. 한 뼘 더 성장하고 있는 여러분의 빛나는 인생에, 작지만 따뜻한 응원의 박수를 보냅니다.

1등이지만 뒤에서:
대한민국 마음 보고서

때로는 조금 무거운 이야기를 꺼내야 할 때가 있습니다. 외면하고 싶지만, 우리 모두의 삶과 긴밀하게 연결되어 있기에 반드시 마주해야 하는 우리 사회의 빛과 그림자에 대한 단상을 조심스럽게 나누고자 합니다.

우리나라, 대한민국. 참으로 대단한 나라입니다. 세계는 한강의 기적이라 부릅니다. 2차 세계대전 이후 GDP 45달러에 불과했던 극빈국에서, 국토 분단이라는 뼈아픈 역사를 딛고 국민소득 3만 달러를 훌쩍 넘어선 눈부신 경제 성장을 이룩한 유일무이한 나라. 이 작은 땅덩어리에서 세계 경제를 이끄는 굴지의 대기업들이 탄생했고, IT, 반도체, 조선, 그리고 이제는 'K-컬처'라는 이름으로 전 세계를 매료시키는 문화 강국으로 우뚝 섰습니다. 제가 이룬 것은 아니지만, 세계 어디를 가든 '코리아'라는 이름이 주는 자긍심은 제 어깨를 으쓱하게 만들고, 가슴 한구석을 든든하게 채워줍니다. 아마 저뿐만이 아닐 겁니다. 이 땅에 살아가는 많은 분들이 비슷한 감정을 느끼실 테지요.

하지만 이토록 눈부신 성장과 발전의 이면에는, 우리가 미처 돌아보지 못했거나 애써 외면해 왔던 그림자가 짙게 드리워져 있습니다. 그 그림자는 때로 우리 사회 구성원들의 마음을 병들게 하고, 삶의 무게를 더욱 힘겹게 만들기도 합니다.

얼마 전, 가족들과 식탁에 둘러앉아 우리나라의 출산율에 대해 이야기를 나눈 적이 있습니다. OECD 국가 중 압도적인 저출산 세계 1위, 이 불명예스러운 타이틀은 이제 한두 해의 이야기가 아닙니다. 어쩌면 전 세계 소수민족까지 포함해도 가장 낮은 출산율을 기록할지 모른다는 암울한 전망 속에서, 최근 우리나라의 합계출산율은 0.7명이라는 충격적인 수치를 기록했습니다. 부부 한 쌍이 평생 0.7명의 아이를 낳는다는 의미입니다. 조금 더 직관적으로 와닿도록 10을 곱해볼까요? 부부 열 쌍, 즉 스무 명의 남녀가 고작 일곱 명의 아이를 낳는다는 계산이 나옵니다. 현재의 감소

속도를 감안하면, 머지않아 0.5명이라는 숫자를 마주하게 될지도 모른다는 불안감이 엄습합니다.

산업화 과정에서 급격한 도시화가 진행되면서, 젊은 세대가 선호하는 양질의 일자리는 대부분 수도권에 집중되었습니다. 그 결과, 지방 소멸은 이미 거스를 수 없는 현실이 되었고, 노인 인구는 폭발적으로 증가하여 우리 사회는 초고령사회로 빠르게 진입하고 있습니다. 이는 곧 경제활동인구, 즉 15세에서 64세 사이의 청년 및 장년층의 어깨에 태산 같은 부담이 지워질 것임을 예고합니다. 부모로부터 물려받을 자산이 충분하거나, 자신의 노력으로 미래에 풍족한 삶을 누릴 수 있다는 합리적인 기대가 없는 한, 현재 대한민국에서 결혼과 출산은 너무나 값비싼 선택이 되어버렸습니다. 이러한 현실은 진료실에서도 고스란히 느껴집니다. 미래에 대한 불안감, 경제적 압박감, 치열한 경쟁 속에서 느끼는 좌절감은 많은 젊은이들의 마음을 짓누르고, 때로는 우울과 불안이라는 깊은 그림자를 드리우기도 합니다.

도대체 무엇이 우리나라를 이토록 힘겹게 만들고 있는 것일까요? 지난 수십 년간 수백조 원의 예산을 투입했음에도 불구하고, 왜 임신과 출산율의 가파른 하락세를 막을 수 없었던 걸까요? 그리고 앞으로 우리는 어떤 길을 가야 할까요?

이 질문에 대한 답을 찾기 위해서는, 우리나라 현대 발전 과정의 역사와 그 속에 깊이 파고든 문제점들을 면밀히 살펴보아야 합니다. 베이비붐 세대를 전후로 시작된 압축 성장은 '빨리빨리' 문화와 함께 학벌 지상주의, 능력 우선주의라는 가치관을 우리 사회 깊숙이 심어놓았습니다. 애국심과 애사심이라는 이름 아래, 주 6일 근무와 잦은 야근, 밤늦게까지 이어지는 회식은 당연한 미덕으로 여겨졌습니다. 우리네 많은 아버지들이 그러했듯, 남성은 바깥에서 돈을 벌고 사회생활을 하는 것이 주된 역할이었고, 여성은 집안일과 육아를 전담하며 가정을 지키는 것이 당연시되었습니다.

언뜻 보면 각자의 역할에 충실하며 균형을 이루는 듯 보이지만, 그 이면에는 깊은 상처와 갈등이 자리하고 있었습니다. 상사의 눈치를 보며 밤늦도록 술잔을 기울여야 했던 남성들은 가정에 소홀하기 일쑤였고, 돈을 벌어다 주는 것만으로 가장의 책임을 다했다고 여기는 경우가 많았습니다. 그 과정에서 고된 육아와 가사 노동은 오롯이 아내의 몫으로 남겨졌습니다. 여기에 더해, 우리 문화 특유의 시댁과의 관계에서 오는 스트레스, 특히 고부갈등은 많은 여성들에게 말 못 할 고통을 안겨주었고, 그들의 마음속에는 '한(恨)'이라는 응어리가 쌓여만 갔습니다. 참다못해 터져 나온 그들의 하소연은 때로 남편과의 깊은 갈등으로, 혹은 자녀들을 향한 왜곡된 기대와 압력으로 이어지기도 했습니다. 자녀들이 오로지 좋은 대학에 진학하고 번듯한 직장을 갖는 것만이, 부모의 풀지 못한 한을 풀고 가문의 영광을 실현하는 유일한 길이라고 믿게 되는 안타까운 상황이 반복되었습니다.

이러한 가정환경 속에서 자라난 현재의 2030 세대에게, 부모 세대가 보여주었던 희생적인 삶의 방식은 더 이상 매력적인 선택지가 아닐 수 있습니다. 그들은 부모처럼 살기보다는, 자신만의 행복과 가치를 추구하는, 보다 현실적인 삶을 꿈꿉니다. 여기에 더해, 자본주의 시스템 내에서 필연적으로 발생하는 인플레이션은 주식, 코인, 부동산 등 자산 가격의 급등을 불러왔고, 이는 젊은 세대에게 의식주 해결조차 버거운 과제로 만들었습니다. 설령 어렵게 내 집 마련의 꿈을 이룬다 하더라도, 평생 주택담보대출의 족쇄에 얽매여 살아야 한다는 압박감은 결혼과 출산을 더욱더 망설이게 만드는 요인으로 작용하고 있습니다.

앞서 언급한 우리나라의 노인 빈곤율 또한 OECD 국가 중 1위라는 불명예를 안고 있습니다. 노후 준비를 위해서는 개인의 소비 수준에 따라 다르겠지만 최소 수억 원의 자금이 필요하다고 하는데, 이를 뒷받침할 사회적 안전망과 복지 정책은 여전히 미흡한 실정입니다. 이 모든 문제들이 복잡하게 얽히고설켜, 우리 사회 구성원들의 마음을 더욱 무겁게 짓누르고 있는 것은 아닐까요?

너무 무거운 주제를 다루었는지도 모르겠습니다. 하지만 이 문제들은 결코 간과해서는 안 될, 우리 모두의 현실입니다. 모든 눈부신 발전 뒤에는 이름 모를 수많은 이들의 노력과 희생이 뒤따르는 법입니다. 이제는 더 이상 이러한 희생적 가치를 당연시하거나 소홀히 여겨서는 안 될 것입니다. 과거의 아픔을 직시하고, 서로의 상처를 이해하며, 진심으로 공감하는 사회적 분위기가 조성될 때, 비로소 우리는 건강한 가정을 이루고, 그것을 기반으로 더 나은 사회로 발전해 나갈 수 있을 것이라 믿습니다.

진료실에서 만나는 많은 분들이 이러한 사회적 압박감 속에서 힘겨워하는 모습을 볼 때마다 깊은 책임감을 느낍니다. 개인의 마음을 돌보는 것을 넘어, 우리 사회 전체의 정신건강을 위해 무엇을 할 수 있을지 끊임없이 고민하고 노력해야 함을 되새기곤 합니다. 부디 우리 사회가 서로를 보듬고 함께 성장하는 따뜻한 공동체로 나아가기를, 그리하여 모든 구성원이 마음 편히 웃을 수 있는 날이 오기를 진심으로 기원합니다.

교사의 눈물:
교단 위에 드리운 그림자

    2025년 2월, 대한민국 사회는 하나의 비극적인 사건으로 인해 깊은 충격과 슬픔에 잠겼습니다. 대전의 한 초등학교에서 발생한 학생을 대상으로 한 교사의 강력범죄는 전 국민에게 큰 놀라움을 안겨주었고, 동시에 우리 사회의 교권과 교사의 정신건강 문제에 대한 무거운 질문을 던졌습니다. 가해자의 정신과 진료 이력이 공개되면서, '과연 정신질환 진료 경험이 있는 교사가 아이들을 가르칠 자격이 있는가?' 하는 논쟁이 뜨겁게 불거졌습니다. 이러한 논란 속에서, 피해 아동의 이름을 딴 법안이 국회의원들을 통해 신속하게 발의되기도 했습니다.

처음 이 가슴 아픈 뉴스를 접했을 때, 저 역시 다른 많은 분들과 마찬가지로 형언할 수 없는 충격에 휩싸였습니다. 한 아이의 아빠로서, 그리고 한 명의 시민으로서 가슴이 찢어지는 듯한 아픔을 느꼈습니다. '도대체 어쩌다 이런 끔찍한 일이 벌어진 것인가' 시간이 흐르고 사건의 윤곽이 조금씩 드러나면서, 제 마음속에는 또 다른 걱정이 고개를 들기 시작했습니다. 바로 제가 진료실에서 만나 뵙고 있는 수많은 학교 선생님들의 안위였습니다.

인생을 살아가면서 누구나 한 번쯤은 마음의 감기를 앓을 수 있습니다. 우울이라는 불청객은 예고 없이 찾아와 우리의 일상을 흔들어 놓곤 합니다. 이러한 마음의 어려움이 유독 선생님들만 피해 가는 것은 결코 아닙니다. 오히려 학생들을 가르치고 그들의 삶을 이끌어야 한다는 막중한 책임감, 그리고 때로는 감당하기 어려운 학부모들의 민원과 사회적 압력 속에서 선생님들은 더욱 깊은 내적 갈등과 스트레스를 경험할 수 있습니다. 지금 이 순간에도 힘겨운 하루하루를 묵묵히 견뎌내고 있는 많은 선생님들이, 이러한 사회적 분위기 속에서 혹여나 '문제 있는 사람'으로 낙인찍힐까 두려워 전문적인 도움의 손길을 놓치게 되지는 않을까, 혹은 그 기회마저 강제로 빼앗기게 되는 것은 아닐까 하는 생각에 마음이 무척이나 아팠습니다.

제 진료실을 찾는 한 선생님의 이야기가 떠오릅니다. 그분은 아이들을 향한 뜨거운 열정과 사랑으로 교직 생활을 시작했지만, 해가 갈수록 감당하기 어려운 현실의 벽에 부딪히곤 했습니다. 학생들 사이의 갈등을 중재하는 과정에서, 혹은 교육적 신념에 따라 내린 결정에 대해 일부 학부모로부터 과도한 항의와 비난을 받기도 했습니다. 때로는 사실과 다른 내용으로 교육청에 민원이 제기되기도 하고, 심지어 아동학대로 고발당할 위기에 처하기도 했습니다. 실제로 교사를 대상으로 한 아동학대 고발 건 중 상당수가 기소 요건조차 갖추지 못한 채 종결된다는 통계는, 현재 우리 교육 현장이 처한 안타까운 현실을 단적으로 보여줍니다. 하지만 결과와 상관없이, 한번 이러한 일에 휘말리게 되면 교사 개인의 일상은 크게 훼손되고, 교사로서의 자부심과 열정은 깊은 상처를 입게 됩니다.

이러한 일들이 비단 특정 교사에게만 일어나는 특별한 경우가 아니라는 사실은 더욱 심각한 문제입니다. 주변 동료 교사들이 겪는 어려움을 실시간으로 목격하면서, 다른 선생님들 역시 심리적으로 위축되고 교육 활동에 소극적으로 변할 수밖에 없습니다. 이는 결국 교사를 꿈꾸는 젊은이들의 감소로 이어지고, 나아가 우리나라 공교육 전체의 질적 저하라는 심각한 결과를 초래할 수 있습니다.

우리가 이토록 불행하고 위태로운 사회에 살고 있는 것은, 우리 사회 구성원들이 특별히 더 이기적이거나 허영에 물들었기 때문은 아닐 겁니다. 어쩌면 수도권 집중 현상과 낮은 노동생산성이라는 왜곡된 경제 구조, 지리적·언어적 고립감, 그리고 여전히 빈약한 사회 안전망 등 개인이 감당하기에는 너무나 버거운 구조적인 문제들이 우리를 짓누르고 있기 때문은 아닐까요? 지나치게 높은 경쟁 압력은 너무나 많은 사람들을 패배자로 만들고, 그 과정에서 건강한 관계 맺음이나 안정적인 가정을 꾸리는 것조차 사치스러운 꿈처럼 느껴지게 만듭니다.

이러한 안타까운 현실 앞에서, 저는 대한정신건강의학과의사회가 발표한 〈대전 피살사건에 대한 입장문〉의 내용을 다시 한번 되새기고자 합니다. 그 내용을 요약하여 공유하며, 이 글을 마무리하려 합니다.

〈대전 피살사건에 대한
대한정신건강의학과의사회 입장문 요약 발췌〉

이 글을 빌려, 이번 사건으로 인해 헤아릴 수 없는 큰 슬픔 속에서 힘든 시간을 보내고 계실 유가족분들과 해당 학교의 학생 및 관계자 여러분께 깊은 애도의 마음을 전합니다. 안전하다고 믿었던 학교라는 공간 안에서 벌어진 끔찍한 사건으로 인해 큰 충격을 받았을 전국의 많은 학생들과 학부모님들께도 진심 어린 위로의 말씀을 드립니다. 부디 우리 사회가 이 아픔을 교훈 삼아, 모든 구성원이 서로를 존중하고 배려하며 함께 살아가는 따뜻한 공동체로 나아갈 수 있기를 간절히 소망합니다.

6부

마음의 풍경,
그 다채로운 빛깔들

진료실 거울에 비친
내 모습

 가끔 진료실에서 환자분들이 던지는 이 한마디는, 마치 잔잔한 호수에 던져진 돌멩이처럼 제 마음에 작은 파문을 일으키곤 합니다.
 "선생님도, 가끔은 많이 힘드신가요? 오늘따라 더 그렇게 보이시는 것 같아요."
 하얀 가운은 때로는 갑옷처럼 느껴지기도 하지만, 그 안에 숨겨진 제 마음의 풍경을 들킨 것만 같아 멋쩍은 미소가 절로 지어질 때도 있습니다. 또 어떤 날은, 꾹꾹 눌러 담았던 감정의 보따리가 터지기 직전의 풍선처럼 아슬아슬하게 부풀어 오르는 것을 느끼기도 합니다. 정신과 의사라는 이름으로 하루에도 수십 번씩 타인의 아픔과 마주하지만, 저 역시 감정의 롤러코스터를 타곤 하죠.

어느 늦은 오후, 깊은 절망감에 빠져 찾아오신 한 환자분이 있었습니다. 삶의 모든 의욕을 잃고, 마치 빛 한 줄기 들어오지 않는 끝없는 터널 속에 갇힌 듯, 어둠 속에서 홀로 괴로워하던 분이었습니다. 그분의 이야기를 듣는 내내, 제 마음 한구석에도 검고 축축한 그림자가 스멀스멀 드리워지는 것을 느꼈습니다. 마치 감기 바이러스처럼, 절망이라는 감정도 전염성이 강한 걸까요? '내가 과연 이분에게 어떤 실질적인 도움을 줄 수 있을까?', '이 깊고 어두운 절망의 늪에서 함께 손을 잡고 빠져나올 수 있을까?' 하는 무력감이 파도처럼 밀려왔습니다. 상담 시간이 끝나고 텅 빈 진료실에 홀로 남아, 창밖의 무심한 도시 풍경을 바라보며 길게 한숨을 내쉬었던 기억이 아직도 생생합니다. 그날 밤, 저는 마치 중요한 시험을 앞둔 수험생처럼 잠 못 이루고 뒤척이며 제 안의 무력감과 치열한 씨름을 벌여야 했습니다. 이런 날 밤에는 깊은 성찰을 하며 그동안 현생을 사느라 덮어두었던 통찰을 하게 되는 것 같습니다.

환자분의 심적 어려움에 내가 할 수 있는 만큼 깊이 공감하고 그 아픔을 함께 나누려는 진심이, 때로는 저를 감정적으로 소진시킬 때도 있지만, 실은 가장 강력한 치유의 끈이 되어준다는 것을 많은 경험을 통해 배웠습니다. 하얀 가운은 저에게 주어진 책임감의 무게이기도 하지만, 동시에 환자분들의 마음의 문을 조심스럽게 두드릴 수 있는 용기를 주는 마법의 망토 같기도 합니다.

  때로는 길을 잃고 헤매기도 하고, 가끔은 환자분 앞에서 '아, 이럴 땐 뭐라고 말씀드려야 하나' 하며 속으로 진땀을 빼는 어설픈 모습을 보이기도 합니다. 하지만 그 모든 순간 속에서 저는 끊임없이 배우고 성장하려 노력합니다. 진료실 거울에 비친 제 모습은 때로는 피곤에 절어 있기도 하고, 때로는 심각한 고민에 잠겨 있기도 하지만, 그 눈빛 속에는 항상 환자분들을 향한 진심과 따뜻한 연민, 그리고 '오늘 점심은 뭘 먹어야 잘 먹었다고 소문이 날까' 하는 소소한 고민이 함께 담겨 있기를 소망합니다. 평범함 속에서 피어나는 진솔한 공감이야말로, 마음의 상처를 치유하는 가장 강력한, 그리고 때로는 가장 예측 불가능한 힘이라고 믿습니다.

마음에도
응급처치가 필요할 때:
트라우마, 그리고 애도의 과정

"선생님, 그날 이후로 제 세상은 멈춰버렸어요.
고장 난 시계 같아요."

    예기치 못한 사고로 사랑하는 가족을 한순간에 잃은 한 분이, 떨리는 목소리로 제게 건넨 첫마디였습니다. 그의 눈빛은 깊이를 알 수 없는 슬픔의 바다와 같았고, 아직도 그날의 충격이라는 거친 풍랑 속에서 벗어나지 못한 채 고통스러워하는 영혼의 절규를 담고 있었습니다. 우리는 살아가면서 크고 작은 상실의 파도를 넘나들지만, 어떤 상실은 우리의 삶이라는 배를 통째로 뒤집어 놓을 만큼 강력한 트라우마라는 해일을 몰고 오기도 합니다. 마치 갑작스러운 지진으로 한순간에 폐허가 된 도시처럼, 마음의 풍경은 처참하게 무너져 내리고, 그 잔해 속에서 우리는 길을 잃은 채 하염없이 방황하게 되는 것이죠. '왜 하필 나에게 이런 일이…'라는 질문은 메아리 없는 외침처럼 허공에 흩어지곤 합니다.

트라우마는 우리 마음에 깊고 선명한 생채기를 남깁니다. 그날의 기억은 시도 때도 없이 불쑥불쑥 떠올라 우리를 괴롭히고, 밤에는 악몽이라는 이름으로 찾아와 단잠을 앗아갑니다. 한때 익숙하고 평범했던 일상은 낯설고 두려운 지뢰밭처럼 느껴지고, 세상 모든 것이 무의미하게 느껴지기도 합니다. 하지만 중요한 것은, 이러한 반응들이 결코 약하거나 이상해서가 아니라는 사실입니다. 엄청난 충격 앞에서 우리 마음이 스스로를 보호하기 위해, 혹은 어떻게든 살아남기 위해 나타내는 지극히 자연스럽고 필사적인 과정인 것이죠. 어쩌면 마음의 '비상경보 시스템'이 지나치게 예민하게 작동하는 것이라고 이해할 수도 있겠습니다.

트라우마를 겪는 분들을 만날 때, 시간은 걸리지만 저는 가장 먼저 '안전하고 포근한 담요 같은 공간'을 만들어 드리는 것에 집중하려 노력합니다. 그분들이 자신의 아픔과 슬픔, 분노와 억울함을 마치 봉인 해제된 감정의 판도라 상자처럼 마음껏 열어 표현하고, 꽁꽁 억눌렀던 감정의 응어리들을 시원하게 토해낼 수 있도록 돕는 것입니다. 가장 중요한 것은 '애도'의 시간을 충분히, 그리고 자신만의 속도로 갖는 것입니다. 애도는 단순히 슬퍼하는 눈물의 시간을 넘어, 상실의 의미를 천천히 받아들이고, 떠나간 존재와의 소중했던 관계를 마음속에서 아름답게 재정립하며, 새로운 삶의 페이지를 조심스럽게 넘길 힘을 얻는 길고도 지난한 치유의 여정입니다. 마치 겨울이 지나야 봄이 오듯, 충분한 애도의 과정을 거쳐야만 마음에 새로운 싹이 틀 수 있는 것이죠.

자식을 하늘에 일찍 보내게 되신 어르신의 주름진 눈가에는 마르지 않는 눈물이 고여 있었습니다. 모든 것이 사라졌다며 앞으로 어떻게 살아가야 할지 모르겠다며 시작된 면담 시간은 회기가 지남에 따라 빛바랜 사진첩을 넘기듯, 집과 관련된 소소한 추억들, 가족들과 함께 웃었던 순간들, 손때 묻은 물건들에 얽힌 이야기들을 하나씩 풀어놓았습니다. 때로는 웃고, 때로는 울면서 자신의 감정을 솔직하게 표현하셨죠. 물론 그 과정은 결코 쉽지 않았습니다. 시간이 흐르면서, 잿더미가 된 집의 기억을 가슴 한편에 소중히 묻기 시작하셨습니다. 한참이 흐른 후 "이제 작은 화분이라도 하나 사서 키워볼까 봐요."라고 말씀하셨던 어르신의 작은 미소에서 저는 치유의 강인한 힘을 보았습니다.

  트라우마는 우리 삶에 지울 수 없는 흔적을 남기지만, 그 흔적이 반드시 절망만을 의미하는 것은 아닙니다. 마치 폭풍우가 지나간 뒤 무지개가 뜨듯이, 적절한 도움과 지지, 그리고 충분한 애도의 과정을 통해 우리는 깊은 상처를 극복하고 더욱 성숙하고 지혜로운 존재로 성장할 수 있습니다. 마음에도 골든타임이 있다는 것을 기억하세요. 응급처치가 **빠**를수록 회복도 **빠**릅니다. 그리고 혼자 모든 짐을 짊어지려 하지 마세요. 여러분 곁에는 언제나 아픔에 귀 기울이고, 따뜻한 손을 내밀어 함께 걸어갈 준비가 된 사람들이 있다는 것을 잊지 마시길 바랍니다.

괜찮아, 네 잘못이 아니야:
죄책감이라는
무거운 짐을 내려놓는 법

"제가 그때 다른 선택을 했더라면,
만약 그때 제가 조금만 더 현명했더라면…
모든 게 달라졌을까요?
이 모든 게 다 제 탓인 것만 같아요."

진료실에서 종종 과거의 어느 한순간에 꽁꽁 묶인 채, 현재라는 시간을 제대로 살아가지 못하는 분들을 만납니다. 특히 '죄책감'이라는 감정은 보이지 않는 무거운 쇠사슬처럼 우리의 발목을 붙잡고, 희망찬 미래를 향해 나아가지 못하도록 질질 끌어내리곤 합니다. 이미 지나가 버린, 돌이킬 수 없는 일들에 대해 뫼비우스의 띠처럼 끊임없이 되뇌며 "만약에…"라는 후회의 주문을 반복하고, 모든 불행의 화살을 자기 자신에게 돌리며 스스로를 상처 입히는 것이죠.

어린 시절, 부모님의 잦은 다툼 끝에 맞이한 이혼을 자신의 존재 탓으로 돌리며 깊은 죄책감이라는 그림자 속에서 성장했던 한 청년이 있었습니다. "제가 더 공부를 잘했더라면, 제가 더 말을 잘 듣는 착한 아이였다면, 우리 가족은 행복했을 거예요. 부모님은 헤어지지 않으셨을 것 같아요." 그의 목소리에는 오랜 시간 동안 단단하게 굳어버린 슬픔과 자책감의 결정체가 묻어났습니다. 그는 성인이 되어서도 늘 타인의 눈치를 살피고, 자신의 감정을 솔직하게 표현하는 것을 극도로 어려워하며, 새로운 관계를 맺는 것 자체를 두려워했습니다. 마치 자신이 행복이라는 단어와는 어울리지 않는 사람, 혹은 행복해질 자격조차 없는 사람처럼, 스스로를 불행이라는 이름의 구렁텅이로 끊임없이 밀어 넣고 있었던 것입니다. '나는 사랑받을 가치가 없어'라는 거짓된 믿음이 그의 마음을 지배하고 있었죠.

죄책감은 때로는 우리를 더 나은 사람으로 성장시키는 채찍이 되기도 합니다. 자신의 잘못을 정직하게 인정하고 깊이 반성하며, 같은 실수를 반복하지 않으려 노력하는 과정은 분명 한 인간으로서 성숙해지는 데 필요한 의미 있는 과정입니다. 하지만 과도한 죄책감, 특히 자신의 통제 범위를 벗어난 일에 대한 비합리적인 죄책감은 우리 마음을 서서히 병들게 하는 보이지 않는 독과 같습니다. 마치 영혼을 갉아먹는 좀벌레와 같습니다.

  그분은 어린 시절 그저 사랑받고 싶었던, 아무런 힘도 없었던 어린아이였을 것입니다. 부모님의 이혼은 결코 그의 잘못이 아니고 그저 폭풍 속에서 살아남기 위해 애썼던 작은 존재였을 뿐입니다. 정신치료를 하다 보면 가끔 판도라의 상자를 열 듯 조심스레 내담자의 과거를 파악해야 하곤 합니다. 지난한 과정이지만 용기를 내어 함께 깊이 뿌리내린 비합리적인 죄책감의 실체를 조심스럽게 파헤쳐 나갔습니다. 그 과정에서 그는 처음으로 자신의 상처받은 내면 아이와 정면으로 마주하고, 따뜻하게 안아주고 괜찮다며 속삭여 줄 수 있었습니다. 물론, 수십 년 동안 굳어진 생각의 틀을 하루아침에 바꾸는 것은 마치 맨손으로 바위를 옮기는 것처럼 어려운 일일 때가 많습니다. 하지만 그는 꾸준한 면담과 용기 있는 노력을 통해 점차 자신을 짓누르던 죄책감이라는 무거운 갑옷을 벗어던지기 시작했습니다. 더 이상 과거라는 감옥에 갇히지 않고, 현재의 자신을 있는 그대로 따뜻하게 받아들이며, 조금씩 세상 속으로 희망의 발걸음을 내딛는 그의 모습은 제게 큰 감동과 함께 '인간의 회복탄력성은 참으로 놀랍구나' 하는 경외심을 느끼게 했습니다.

혹시 여러분도 마음속 깊은 곳에, 남들은 알지 못하는 죄책감이라는 무거운 돌덩이를 지고 힘겹게 살아가고 있지는 않으신가요? 그렇다면 이제 그 무거운 짐을 내려놓을 때입니다. 과거는 바꿀 수 없지만, 과거를 바라보는 마음, 그리고 현재를 살아가는 태도는 천천히 교정해 나갈 수 있다고 믿습니다. 여러분은 충분히 사랑받을 자격이 있고, 그 누구보다 행복해질 권리가 있는 소중한 존재입니다. "괜찮아, 네 잘못이 아니야." 이 마법 같은 말을 스스로에게, 그리고 혹시 곁에 힘들어하는 누군가가 있다면 그에게도 따뜻하게 건네주시길 바랍니다. 자기 용서야말로 진정한 마음의 자유를 향한 첫걸음이자, 가장 위대한 비상(飛上)이니까요.

관계의 온도:
우리는 왜 사랑하면서도
상처를 주고받을까

"서로 죽고 못 살 정도로 너무 사랑하는데,
왜 이렇게 만나기만 하면 싸우기만 할까요?
저희, 혹시 안 맞는 걸까요?"

결혼이라는 인생의 중요한 관문을 앞둔 한 예비부부가, 마치 길 잃은 어린아이처럼 불안한 눈빛으로 서로의 손을 꼭 잡은 채 제 진료실을 찾았습니다. 그들의 눈빛에는 서로를 향한 깊은 애정과 함께, 반복되는 관계의 어려움으로 인한 깊은 피로감과 좌절감이 역력했습니다. 우리는 누구나 동화 속 왕자님과 공주님처럼 사랑하는 사람과 영원히 행복한 관계를 꿈꾸지만, 현실은 종종 우리의 로맨틱한 기대와는 사뭇 다르게, 때로는 살벌하게 흘러가곤 합니다. 가장 가깝고 사랑하는 사이이기에 오히려 더욱 날카로운 말로 깊은 상처를 주고받고, 서로의 진심을 오해하며 차가운 벽을 쌓기도 합니다. '사랑하지만 밉다'는 이 모순적인 감정, 대체 왜 생기는 걸까요?

관계의 어려움은 대부분 '너와 나는 이렇게나 다른데, 왜 그걸 몰라주는 거야!' 하는, 즉 '다름'을 인정하고 존중하지 못하는 데서 시작됩니다. 우리는 각자 다른 부모 밑에서, 다른 환경에서 자라왔고, 다른 경험이라는 렌즈를 통해 세상을 바라보는 자신만의 독특한 창을 가지고 있습니다. 생각하는 방식, 감정을 표현하는 방식(어떤 사람은 눈물로, 어떤 사람은 침묵으로), 중요하게 생각하는 가치관(어떤 사람은 안정, 어떤 사람은 모험), 심지어 좋아하는 치약 맛까지 모든 것이 다를 수밖에 없습니다. 하지만 우리는 종종 '사랑한다면 당연히 이 정도는 알아줘야지', '나를 사랑한다면 나처럼 생각해야지' 하는 은밀한 기대를 품고, 그 기대가 보기 좋게 무너졌을 때 깊은 실망감과 함께 배신감마저 느끼며 분노의 화산을 폭발시키곤 합니다. "왜 내 마음을 그렇게 몰라주는 거야?", "왜 꼭 그런 식으로밖에 말을 못 해?" 하는 원망과 비난의 목소리가 높아지는 것이죠.

저는 그 예비부부에게 조금은 낯설지만 흥미로운 숙제를 내주었습니다. 바로 '서로의 사용설명서'를 상세하게 작성해서 교환해 보는 것이었습니다. 각자가 중요하게 생각하는 것들(예: 기념일, 혼자만의 시간), 절대적으로 싫어하는 것들(예: 약속시간 어기는 것, 식사 중 스마트폰 사용), 스트레스를 받을 때 나타나는 특이한 반응(예: 말수가 극도로 적어짐, 단것 폭풍 흡입), 그리고 진심으로 위로받고 싶을 때 듣고 싶은 마법의 단어나 행동(예: "네 잘못 아니야."라는 말, 따뜻한 포옹) 등을 최대한 솔직하고 구체적으로 적어보는 것이었습니다. 처음에는 "이런 걸 꼭 써야 해요?" 하며 어색해하고 쑥스러워하던 그들이었지만, 서로의 사용설명서를 찬찬히 읽어보면서 "아, 당신은 이럴 때 이렇게 느끼는구나. 나는 정말 꿈에도 몰랐네.", "이런 사소한 것에 그렇게 상처받았었구나. 미안해." 하며 서로의 몰랐던 부분, 혹은 오해했던 부분들을 이해하는 폭이 눈에 띄게 넓어지는 것을 볼 수 있었습니다. 마치 서로 다른 언어를 쓰던 두 사람이 공통의 사전을 발견한 것처럼 말이죠.

건강하고 행복한 관계는 결코 저절로 주어지는 것이 아니라, 마치 아름다운 정원의 희귀한 꽃을 정성껏 가꾸듯, 끊임없는 소통과 노력, 그리고 때로는 엄청난 인내심의 결과물입니다. 서로의 마음에 꾸준히 관심이라는 물을 주고,

칭찬이라는 햇볕을 쬐어주며, 이해라는 영양분을 공급하며 정성껏 돌보아야 합니다. 갈등이라는 잡초가 고개를 들었을 때는, 상대방을 비난하고 평가절하하며 감정의 제초제를 뿌리기보다, '나 전달법(I-message)'이라는 부드러운 호미를 사용하여 자신의 감정과 생각을 솔직하고 상처 주지 않게 전달하는 연습이 필요합니다. "당신은 항상 그런 식이야! 정말 이기적이야!"라고 날을 세우는 대신, "나는 당신이 그렇게 말하거나 행동할 때(구체적인 상황), 매우 속상하고 서운함을 느껴(나의 감정). 왜냐하면 나는 당신에게 존중받고 사랑받고 싶기 때문이야(나의 욕구)."라고 차분하게 표현하는 것이죠. 그리고 상대방의 이야기에 스마트폰은 잠시 내려놓고 진심으로 귀 기울이고, 그의 감정을 있는 그대로 공감해 주며 고개를 끄덕여 주는 것 또한 중요합니다. "아, 그랬구나. 정말 힘들었겠다." 이 한마디가 관계의 마법을 부릴 때도 있습니다.

  사랑하는 사람과의 관계는 우리 삶에 가장 큰 기쁨과 행복을 가져다주기도 하지만, 때로는 가장 깊은 절망과 아픔을 안겨주기도 하는 양날의 검과 같습니다. 하지만 기억하세요. 관계 속에서 겪는 어려움은 결코 혼자만의 문제도, 혹은 상대방만의 잘못도 아닙니다. 서로의 '다름'을 틀림이 아닌 '특별함'으로 존중하고, 끊임없이 솔직하게 소통하며,

함께 성장하고 변화하려는 열린 마음과 노력이 있다면, 우리는 그 어떤 관계의 어려움도 현명하게 극복해 나갈 수 있을 것입니다. 그리고 그 험난한 과정을 함께 헤쳐 나가면서, 우리는 더욱 깊고 단단하며, 세상 그 무엇과도 바꿀 수 없는 찬란한 사랑을 발견하게 될 것입니다. 어쩌면 진정한 사랑은 '완벽한 두 사람'이 만나는 것이 아니라, '불완전한 두 사람이 서로의 부족함을 채워주며 함께 완성해 가는 여정' 그 자체일지도 모릅니다.

디지털 세상 속 외로운 섬:
연결될수록 고립되는
우리들의 마음

 손안의 작은 네모난 스마트폰 하나면, 지구 반대편에 있는 사람과도 눈 깜짝할 사이에 얼굴을 보며 대화하고, 실시간으로 정보를 주고받을 수 있는 놀라운 시대. 우리는 그 어느 때보다 더 많은 사람들과 폭넓게 관계를 맺고, 눈부시게 빠른 속도로 소통하는 것처럼 보입니다. SNS 피드에는 눈이 부실 정도로 화려한 일상과 완벽해 보이는 행복한 순간들이 파도처럼 넘실대고, 수많은 '좋아요'와 댓글들이 마치 인기투표처럼 오고 갑니다. 하지만 이토록 모든 것이 연결된 초연결 사회의 이면에서, 우리는 역설적이게도 점점 더 깊은 외로움과 텅 빈 소외감을 느끼고 있는 것은 아닐까요? 마치 수많은 별들로 가득한 밤하늘 한가운데 떠 있는, 이름 모를 외로운 섬처럼 말입니다.

진료실에서 만나는 많은 젊은이들이, 심지어는 중장년층까지도 "SNS 친구는 수백 명인데, 정작 힘들 때 속마음을 털어놓을 사람은 단 한 명도 없어요."라고 힘없이 말합니다. 화면 속에서 끊임없이 반짝이는 타인의 삶과 자신의 현실을 비교하며 끝없는 우울감의 늪에 빠지기도 하고, '좋아요' 숫자와 댓글 반응에 일희일비하며 위태로운 자존감의 시소를 타기도 합니다. 필터로 보정된 완벽한 모습 뒤에 감춰진 진짜 감정들, 불안하고 초라한 내면의 목소리는 애써 외면당하고, 우리는 점점 더 꾸밈없고 진솔한 관계 맺기에 서툴러져 갑니다. 마치 디지털이라는 거대한 바다 위에 홀로 떠 있는 외로운 섬처럼, 우리는 연결될수록 더욱 고립되어 가는, 웃지 못할 현대사회의 역설적인 상황에 놓여 있는 것입니다. '온라인 인싸, 오프라인 아싸'라는 신조어가 씁쓸한 현실을 반영하는 듯합니다.

한 대학생 환자분은 극심한 SNS 중독으로 인해 학업 성취도는 물론, 현실에서의 대인관계까지 심각한 어려움을 겪고 있었습니다. 아침에 눈을 뜨자마자, 심지어는 잠들기 직전 마지막 순간까지 스마트폰을 손에서 놓지 못했고, 새로운 알림이 울릴 때마다 마치 조건반사처럼 불안해하며 수시로 SNS를 확인했습니다. 친구들의 여행 사진, 연인들의 행복한 데이트 사진, 동기들의 취업 성공 소식 등 타인의 행복해 보이는 게시물을 볼 때마다, 자신은 한없이 초라하고 뒤처지는 존재처럼 느껴졌습니다. '나만 빼고 다 행복한 것 같아' 그는 점점 현실 세계의 친구들과의 만남을 피했고, 어둡고 좁은 방 안에 홀로 고립되어 갔습니다.

저는 그에게 조금은 급진적이지만 효과적인 '디지털 디톡스' 처방을 내렸습니다. 하루 중 특정 시간을 정해 스마트폰 전원을 꺼두거나 아주 멀리 치워두고, 그 시간에는 의식적으로 다른 활동에 몰입하도록 안내했습니다. 예를 들어, 저녁 8시부터 다음 날 아침 8시까지는 '스마트폰 금식 시간'으로 정하는 것이죠. 처음에는 마치 중요한 것을 잃어버린 사람처럼 극심한 불안감을 느끼고 초조해하며 손톱을 물어뜯었지만, 며칠이 지나자 점차 스마트폰 없이도 시간을 보내는 것에 익숙해지기 시작했습니다. 그는 그동안 먼지만 쌓여가던 책꽂이에서 오래된 소설책을 꺼내 읽고, 동네 공원을 산책하며 계절의 변화를 느끼고, 몇 년 만에 용기를 내어 오랜 친구에게 전화를 걸어 몇 시간 동안이나 속 깊은 대화를 나누었습니다. 그 과정에서 그는 SNS 속 반짝이는 가상 세계가 아닌, 발 딛고 살아가는 현실 세계에서 진정한 연결감과 잔잔한 행복을 느낄 수 있다는 소중한 사실을 깨달았습니다. '좋아요' 숫자보다 따뜻한 눈빛 교환이, 화려한 댓글보다 진심 어린 한마디의 위로가 훨씬 더 값지다는 것을 말이죠.

디지털 기술은 분명 우리 삶에 엄청난 편리함과 즐거움을 가져다주었지만, 그것이 진정한 인간관계의 깊이와 온기를 대체할 수는 없습니다. 화면 너머의 피상적이고 일회적인 관계보다는, 얼굴을 직접 마주하고 서로의 눈을 들여다보며 미세한 표정 변화와 목소리의 떨림까지 느낄 수 있는, 서로의 온기를 나누는 따뜻한 관계가 우리 마음에 더 깊은 안정감과 충만한 행복을 가져다줍니다. 가끔은 스마트폰을 잠시 가방 깊숙이 넣어두고, 여러분 곁의 소중한 사람들에게 진심을 담아 말을 건네보는 것은 어떨까요? 어쩌면 그 어색한 침묵 뒤에, 그토록 찾아 헤매던 진정한 연결이 기다리고 있을지도 모릅니다. 디지털 세상의 현란한 소음에서 잠시 벗어나, 마음이 진정으로 원하는 따뜻한 연결을 찾아 나서는 용기를, 저는 온 마음을 다해 응원하고 싶습니다.

번아웃,
잠시 멈춤이 필요한 당신에게:
마음의 방전과 재충전의 기술

"더 이상 아무것도 하고 싶지 않아요.
아침에 눈을 뜨는 것조차 버거워요.
제 안의 모든 에너지가… 그냥 다 증발해 버린 것 같아요."

성공이라는 정상을 향해, 혹은 남들에게 뒤처지지 않기 위해 수많은 날을 가리지 않고 쉼 없이 달려왔던 한 유능한 직장인이, 어느 날 갑자기 모든 의욕을 상실한 채 텅 빈 눈빛으로 진료실을 찾았습니다. 그의 얼굴에는 만성적인 피로감과 함께, 마치 배터리가 완전히 방전되어 전원조차 켜지지 않는 낡은 기계처럼 깊은 공허함만이 남아 있었습니다. 우리는 이것을 현대인의 고질병, '번아웃(burnout) 증후군'이라고 부릅니다. 한때 누구보다 열정적으로 일에 몰두하던 사람이, 어느 순간 극도의 신체적, 정신적 피로감을 느끼며 깊은 무기력의 늪에 빠지는 상태를 말하죠. 마치 활활 타오르던 장작불이 한순간에 재만 남기고 힘없이 꺼져 버리는 것처럼, 번아웃은 우리 마음의 소중한 에너지를 남김없이 고갈시키고, 삶의 의미와 즐거움을 송두리째 앗아가 버립니다. '내가 이러려고 그렇게 열심히 살았나' 하는 자괴감마저 들게 하죠.

숨 막힐 듯 치열한 경쟁 사회 속에서, 우리는 끊임없이 더 높은 목표, 더 나은 성과를 향해 자신을 몰아붙이도록 암묵적으로 요구받습니다. 야근과 주말 근무는 어느새 당연한 미덕처럼 여겨지고, 잠시라도 쉬면 남들보다 뒤처질까 봐 불안감에 휩싸입니다. '이 정도는 해야 성공할 수 있어', '아직은 쉴 때가 아니야. 조금만 더, 조금만 더' 하는 내면의 채찍질과 사회적 압박감 속에서, 우리는 자신을 돌볼 겨를도 없이 한계점까지 밀어붙이곤 합니다. 하지만 우리 마음도, 우리 몸도 무한동력 엔진을 장착한 로봇이 아닙니다. 적절한 휴식과 세심한 재충전 없이 계속해서 에너지를 소모하기만 한다면, 아무리 강철 같은 의지를 가진 사람이라도 언젠가는 반드시 방전되고 멈춰 설 수밖에 없는 것이죠. '방전 후엔 충전'

이라는 단순한 진리를 우리는 너무 쉽게 잊고 살아갑니다.

번아웃을 경험했던 그 직장인에게, 저는 조금은 생소할 수 있는 '의도적인, 그리고 적극적인 멈춤'을 처방했습니다. 잠시 모든 일에서 손을 놓고, 다른 누구도 아닌 오롯이 자신만을 위한 시간을 충분히 갖도록 권유했습니다. 처음에는 "지금 제가 어떻게 쉬어요? 회사가 어떻게 돌아갈지, 동료들에게 너무 미안해서… 쉬는 것도 불안하고 죄책감이 들어요. 이러다 정말 뒤처지는 건 아닐까요?"라며 극심한 불안감과 함께 망설였지만, 그는 큰 용기를 내어 생애 첫 장기 휴가를 신청하고 훌쩍 여행을 떠났습니다. 낯선 도시의 골목길을 하염없이 걷고, 현지인들이 추천하는 맛있는 음식을 맛보고, 밤하늘의 별을 보며 생각에 잠기고, 아무런 알람 없이 실컷 늦잠을 자면서 그는 서서히 자신을 짓누르던 무거운 압박감과 책임감에서 벗어나기 시작했습니다. 그리고 그 값진 '멈춤'의 시간 속에서, 그는 자신이 진정으로 원하는 것이 무엇인지, 자신의 삶에서 가장 중요한 가치가 무엇인지를 가슴 깊이 깨닫게 되었습니다. 어쩌면 '멈춤'은 '더 멀리 나아가기 위한 숨 고르기'였던 것이죠.

번아웃은 결코 나약함이나 실패를 의미하지 않습니다. 오히려 지금까지 얼마나 치열하고 열심히 살아왔는지를 보여주는, 일종의 명예로운 훈장일지도 모릅니다. 그리고 이제는 '잠시 쉬어가도 괜찮다, 스스로를 돌볼 시간이다'라고 몸과 마음이 간절하게 보내는 SOS 신호입니다. 만약 지금 극심한 피로감과 함께 깊은 무기력감에 시달리고 있다면, 더 이상 혼자 끙끙 앓지 말고 주저하지 말고 전문가의 도움을 받으세요. 그리고 무엇보다 자기 자신에게 관대해지세요. 충분한 휴식과 즐거운 재충전의 시간을 아낌없이 선물하세요. 좋아하는 향초를 켜고 따뜻한 물에 몸을 담그거나, 아무 생각 없이 좋아하는 음악을 들으며 춤을 추거나, 햇살 좋은 공원 벤치에 앉아 멍하니 하늘을 바라보는 것처럼 아주 사소하고 평범한 일이라도 괜찮습니다. 중요한 것은 여러분의 마음이 진정으로 원하는 방식으로, 죄책감 없이 편안하게 쉬는 것입니다.

 기억하세요. 소중한 삶은 숨 가쁘게 달려야 하는 단거리 경주가 아니라, 자신만의 속도를 조절하며 완주해야 하는 긴 마라톤입니다. 때로는 과감하게 속도를 늦추고, 때로는 길가에 잠시 멈춰 서서 목을 축이며 숨을 고르는 지혜와 여유가 필요합니다. 마음 배터리를 항상 초록 불로 건강하게 유지하며, 반짝이는 일회성 성공이 아닌, 지속 가능한 잔잔한 행복을 향해 한 걸음 한 걸음 나아가시기를 응원합니다. 여러분의 '쉼'은 '멈춤'이 아니라, '새로운 시작을 위한 준비'입니다.

나를 찾아가는 여정:
불완전하기에
아름다운 우리들의 삶

"선생님, 저는 왜 이렇게 부족한 점이 많을까요?
다른 사람들은 다 잘하는 것 같은데, 저만 뒤처지는 것
같아요. 언제쯤이면 저도 좀 완벽해질 수 있을까요?"

 자신의 사소한 단점과 지나간 실수에 밤낮으로 괴로워하며, 마치 신기루를 좇듯 끊임없이 완벽이라는 이상향을 추구하는 한 젊은이가 있었습니다. 그는 타인의 작은 표정 변화나 말투에도 예민하게 반응했고, 작은 실수 하나에도 '역시 난 안 돼'라며 쉽게 좌절하고 스스로를 가혹하게 몰아붙였습니다. 마치 세상에는 눈에 보이지 않는 완벽의 기준표

가 존재하고, 자신은 그 기준에 한참 미치지 못하는, 어딘가 결함이 있는 부족한 존재라고 여기는 듯했습니다. 그의 어깨는 늘 보이지 않는 완벽의 무게에 짓눌려 축 처져 있었죠.

 하지만 가만히 생각해 보면, 이 세상에 과연 한 치의 오차도 없는 완벽한 사람이 존재할까요? 마치 공장에서 찍어낸 듯 똑같은 모습, 똑같은 생각을 하는 사람들이 모여 사는 세상이 과연 아름다울까요? 우리는 모두 각기 다른, 불완전하기에 더욱 특별하고 아름다운 존재가 아닐까요? 서로 다른 색깔과 모양, 크기를 가진 조각들이 모여 하나의 눈부신 모자이크 작품을 완성하듯, 우리의 다양한 모습과 예측 불가능한 경험들이 모여 세상 단 하나뿐인 고유한 삶의 이야기를 찬란하게 만들어 가는 것입니다. 어쩌면 우리의 '결점'이라고 생각했던 것들이, 사실은 우리를 더욱 입체적이고 매력적인 존재로 만들어 주는 '특징'일지도 모릅니다.

 저는 그분에게 이렇게 말했습니다.

 "그 '부족함'이라고 이름 붙인 것들이, 혹시 '특별함'은 아닐까요? 세상 모든 사람이 똑같은 능력과 성격을 가졌다면, 이 세상은 얼마나 단조롭고 지루할까요? 부족함이 아니라, 고유한 빛깔과 가능성에 한번 집중해 보세요."

 그리고 우리는 마치 보물찾기를 하듯, 그가 미처 발견하지 못했거나 애써 외면했던 그의 장점과 숨겨진 가능성들을 함께 찾아나가는 즐거운 여정을 시작했습니다. 그는 어린 시절부터 그림 그리기를 좋아했고 뛰어난 재능을 가지고 있었지만, '이 정도 실력으로는 아무것도 할 수 없어. 전문가는커녕 취미라고 말하기도 부끄러워'라며 스스로의 재능을 형편없이 폄하하고 있었습니다. 저는 그에게 매일 아주 작은 그림이라도 좋으니 꾸준히 그려보고, 그것을 용기 내어 다른 사람들과 나누어 보라고 부드럽게 격려했습니다. 처음에는 "제 그림을 누가 좋아하겠어요?"라며 극도로 망설였지만, 그는 작은 용기를 내어 자신의 소박한 그림들을 익명의 SNS 계정에 하나씩 올리기 시작했고, 생각지도 못했던 따뜻한 격려와 진심 어린 칭찬에 깜짝 놀라며 큰 기쁨과 자신감을 얻었습니다. 물론 이렇게 항상 성공만 있는 것은 아닙니다. 그러나 시도도 안 해보면 성취감을 맛보기 힘들죠. 만약 오랜 기간 동안 시도하기조차 힘들 정도로 삶의 기능 수준이 떨어졌다면 전문적인 치료의 도움을 받아 나의 발목을 잡고 있는 무기력감과 우울감의 악순환 고리를 끊어내야 합니다. 이후에 삶의 선순환이 시작된다면 용기 내어 다시 도전할 수 있게 되는 것이죠. 그 소중한 경험을 통해 그는 자신의 가치를 타인의 냉정한 평가나 세상의 잣대가 아닌, 자기 안의 만족감과 즐거움에서 찾을 수 있다는 것을 비로소 깨닫게 됩니다.

진정한 나를 찾아가는 여정은, 마치 끝없이 펼쳐진 미지의 세계를 탐험하는 것처럼, 평생에 걸쳐 계속되는 흥미진진한 탐험과 같습니다. 때로는 안개 속에서 길을 잃고 헤매기도 하고, 때로는 예상치 못한 장애물에 걸려 넘어지고 상처받기도 합니다. 하지만 그 모든 예측 불가능한 과정 속에서 우리는 조금씩 성장하고, 단단해지며, 진정한 자기 자신과 더욱 깊이 연결됩니다. 중요한 것은 한 번의 실패도 없이 완벽한 모습으로 정상에 도달하려는 조급한 노력이 아니라, 넘어지면 다시 일어설 수 있는 용기, 그리고 있는 그대로의 나를 따뜻하게 안아주고 사랑하며 수용하는 너그러운 마음입니다.

타인의 반짝이는 모습이나 사회가 은근히 강요하는 성공의 틀에 소중한 삶을 억지로 끼워 맞추려 하지 마세요. 여러분은 그 자체로 이미 충분히 빛나고 아름다운, 세상에 단 하나뿐인 걸작입니다. 어설픈 실수와 때로는 부끄러운 불완전함까지도 사랑스럽게 바라봐 주세요. 그것이 바로 더욱 인간적이고 특별하게 만드는, 당신만의 대체 불가능한 매력이니까요. 나만의 편안한 속도로, 나만이 가진 고유한 빛깔로, 나만의 아름답고 감동적인 삶의 이야기를 한 페이지 한 페이지 써 내려가시기를 진심으로 응원합니다. 그 누구도 예측할 수 없는 그 흥미로운 여정 속에서, 분명 세상

그 무엇과도 바꿀 수 없는, 가장 값지고 소중한 보물, 바로
'진정한 나 자신'을 발견하게 될 것입니다.

에필로그

마음의 정원을 함께 가꾸며

어느덧 긴 이야기의 마지막 페이지에 다다랐습니다. 진료실 문을 열고 들어서는 한 분 한 분의 눈빛 속에 담긴 삶의 무게와 이야기들을 조심스럽게 마주하며, 때로는 함께 웃고 때로는 함께 눈시울을 붉혔던 순간들이 주마등처럼 스쳐 지나갑니다. 정신과 의사라는 이름으로 살아가는 저의 일상과 생각들, 그리고 그 안에서 길어 올린 작은 깨달음들을 여러분과 나눌 수 있었던 이 시간이 참으로 소중하고 감사합니다.

돌이켜 보면, 이 책을 쓰기로 마음먹었던 것은 어쩌면 제 자신을 향한 작은 위로와 다독임에서 시작되었는지도 모르겠습니다. 저 역시 평범한 한 인간으로서 삶의 여러 굴곡 앞에서 흔들리고 때로는 길을 잃기도 합니다. 하얀 가운 속에 감춰진 제 안의 수많은 감정들과 마주하며, 환자분들의 아픔에 깊이 공감하는 과정 속에서 역설적이게도 제 자신의 상처 또한 치유되는 경험을 하곤 합니다. 어쩌면 우리는 모두 서로에게 거울과 같은 존재일지도 모릅니다. 타인의 마음을 비추며 나의 마음을 들여다보고, 그렇게 서로의 온기를 나누며 함께 성장해 나가는 것이겠지요.

이 책을 통해 저는 '마음'이라는, 눈에 보이지 않지만 우리 삶의 모든 순간을 지배하는 이 신비로운 세계에 대한 이야기를 하고 싶었습니다. 때로는 폭풍우 치는 바다처럼 거칠고, 때로는 깊이를 알 수 없는 심연처럼 어둡기도 하지만, 그 안에는 분명 스스로를 치유하고 다시 일어설 수 있는 강인한 힘이 숨겨져 있다는 것을요. 공황이라는 예기치 않은 불청객을 만나 당황했던 제 개인적인 경험부터, ADHD라는 오랜 친구와의 작별, 그리고 잦은 이사와 전학 속에서 저만의 생존기를 터득해야 했던 어린 시절의 이야기까지. 어쩌면 조금은 부끄러울 수 있는 저의 솔직한 모습들을 꺼내놓은 이유는, 완벽하지 않아도 괜찮다는, 우리 모두는 불완전하기에 더욱 아름다운 존재라는 메시지를 전하고 싶었기 때문입니다.

우리는 종종 '정상'과 '비정상'이라는 이분법적인 틀 안에서 자신과 타인을 쉽게 판단하고 재단하곤 합니다. 하지만 마음의 세계에는 정해진 정답도, 완벽한 기준도 없습니다. 저마다 다른 환경에서 다른 경험을 하며 살아온 우리가 느끼는 감정의 빛깔과 모양이 모두 다른 것은 너무나 당연한 일입니다. 중요한 것은 그 다름을 틀림으로 받아들이지 않고, 서로의 아픔에 귀 기울이며 따뜻한 시선으로 이해하려는 노력일 것입니다. '공감'이라는 마법은 바로 그 지점에서 시작됩니다. 상대방의 입장이 되어 그의 감정을 헤아리고, 그의 이야기를 진심으로 들어주는 것. 그것만으로도 우리는 누군가의 얼어붙은 마음에 따뜻한 봄을 선물할 수 있습니다.

　진료실에서 만나는 많은 분들이 묻습니다. "선생님, 저는 언제쯤 괜찮아질 수 있을까요?" 그럴 때마다 저는 감히 명확한 답을 드리기 어렵습니다. 마음의 회복은 마치 긴 터널을 지나는 것과 같아서, 그 끝이 언제 보일지, 얼마나 더 가야 할지 예측하기 어렵기 때문입니다. 하지만 한 가지 분명한 것은, 그 어둡고 막막한 터널 속에서도 여러분은 결코 혼자가 아니라는 사실입니다. 여러분의 손을 잡아주고, 함께 걸어줄 누군가가 있다는 믿음, 그리고 언젠가는 반드시 빛을 만날 수 있다는 희망을 잃지 않는다면, 우리는 그 어떤 어려움도 이겨낼 수 있습니다.

우리의 마음은 마치 작은 정원과 같습니다. 때로는 잡초가 무성하게 자라기도 하고, 예기치 않은 비바람에 꽃잎이 떨어지기도 합니다. 하지만 정성껏 물을 주고 햇볕을 쬐어 주며 꾸준히 가꾸어 나간다면, 언젠가는 아름다운 꽃과 풍성한 열매를 맺을 수 있습니다. '오늘을 산다는 것'의 소중함을 일깨워 주는 명상의 지혜처럼, '지금, 여기'의 내 마음에 집중하며 스스로를 돌보는 시간을 갖는 것이 중요합니다. 맛있는 음식을 먹고, 좋아하는 책을 읽고, 사랑하는 사람들과 웃고 떠들며, 때로는 모든 것을 멈추고 한적한 카페에 앉아 따뜻한 차 한 잔의 여유를 즐기는 것. 이 모든 소소한 일상들이 우리 마음의 정원을 가꾸는 소중한 밑거름이 될 것입니다.

혹자는 정신과 의사를 '마음의 병을 고치는 사람'이라고 말하지만, 저는 스스로를 '마음의 정원사'라고 생각하고 싶습니다. 여러분 각자의 마음속에 숨겨진 아름다운 가능성의 씨앗을 발견하고, 그 씨앗이 건강하게 자라나 활짝 꽃피울 수 있도록 곁에서 돕는 사람. 때로는 앙상한 가지에 새잎이 돋아나도록 격려하고, 때로는 지친 마음에 따뜻한 위로의 햇살을 비추어 주는 그런 존재가 되고 싶습니다.

이 책을 덮는 순간, 여러분의 마음에 작은 위안과 함께 잔잔한 용기가 샘솟기를 바랍니다. 삶이라는 아름다운 정원이 늘 향기로운 꽃과 풍성한 열매로 가득하기를, 그리고 그 안에서 진정한 행복을 찾을 수 있기를 진심으로 응원합니다. 기억해 주세요. 여러분은 세상에서 가장 소중하고 아름다운 존재라는 것을, 그리고 여러분의 마음은 언제나 여러분 편이라는 것을요.

지금까지 저의 부족한 이야기에 귀 기울여 주신 모든 분들께 다시 한번 깊은 감사의 말씀을 전합니다. 부디 모든 날들이 평안과 행복으로 가득하시기를, 그리고 마음 정원이 언제나 따뜻한 봄날 같기를 소망합니다. 우리 모두의 마음이 건강하고 행복한 그날까지, 저 역시 이 자리에서 묵묵히 함께하겠습니다.

고맙습니다.